人效战略

穆胜 ◎ 著

HR EFFICIENCY
AS A STRATEGY

机械工业出版社
CHINA MACHINE PRESS

《人效战略》是"穆胜人效三部曲"的最后一部，分为两个部分。上篇是"理念"，集中梳理出人效驱动业务战略的理念。首先，澄清了"战略→组织→人效"的逻辑链条，抛出了全书的核心观点——企业应该通过人效管理来落地战略、优化组织；然后，清晰刻画了人效是如何影响战略的，界定了人效管理的工作内容，即人效解码、人效赋能和队伍规划；最后，探讨了人效管理未能扎根落地、驱动业务战略的深层原因，即企业经营者大多存在认知局限。下篇是"方法"，从各个角度介绍了驱动业务战略的人效管理应该做什么。一是介绍了宽、窄两种口径的人效管理如何驱动业务战略；二是介绍了以战略为导向的前台和中后台人效管理应该如何实施；三是给出了更具战略驱动效果的人效赋能与队伍规划方法。综合运用这些方法，企业可以通过人效管理实现对于业务战略的驱动，让 HR 真正能够跳出后勤工作，推动经营增长。

图书在版编目（CIP）数据

人效战略 / 穆胜著 . -- 北京：机械工业出版社，2024.7. -- ISBN 978-7-111-76093-1

Ⅰ. F243

中国国家版本馆 CIP 数据核字第 2024EM3723 号

机械工业出版社（北京市百万庄大街 22 号　邮政编码 100037）

策划编辑：孟宪勐　　　　　　　责任编辑：孟宪勐
责任校对：曹若菲　李　杉　　　责任印制：郜　敏
三河市宏达印刷有限公司印刷
2024 年 8 月第 1 版第 1 次印刷
170mm×230mm・14.75 印张・3 插页・160 千字
标准书号：ISBN 978-7-111-76093-1
定价：79.00 元

电话服务　　　　　　　　　　网络服务
客服电话：010-88361066　　　机 工 官 网：www.cmpbook.com
　　　　　010-88379833　　　机 工 官 博：weibo.com/cmp1952
　　　　　010-68326294　　　金 书 网：www.golden-book.com
封底无防伪标均为盗版　　　　机工教育服务网：www.cmpedu.com

HR EFFICIENCY
AS A STRATEGY

前　言

两种无知

在学术工作之外，我从事咨询工作多年，无论是落地战略，还是重塑组织、管理人效，都会接触企业的人力资源一把手（CHO、HRVP、HRD 等）。在与他们的交流中，我最怕遇到两种无知。

一般的信息差、技术差，都可以慢慢沟通。企业的人力资源一把手大多是核心高管，绝对聪明，我们的沟通必然能够产生化学反应，穆胜咨询的方法论必然能助力企业成长。但面对这两种人，我们犹如处于平行宇宙，无论如何沟通都是"苦局"，不如送彼此一个自由。

还是讲两个故事吧。

第一个故事，是关于业务视角看人力资源的。

几年前，我受邀到某企业授课，由于自己还小有一点儿名气，

HR群体期待值很高。为表示对于HR团队自己组织的培训工作的重视，新上任的CHO在课间邀请我单独沟通了一下。

这位CHO才从业务口调过来，并非人力资源专业出身，对于人力资源的具体工作也不熟悉，但应该是深受老板信任，且老板有锻炼干部的考虑，才会走马上任。考虑到这种背景，我尽量用经营和业务的语言简单描述了我的理念，对方也立刻表达了认同。但在进入具体的方法论时，沟通陷入了僵局。

例如，我说有的企业设置KPI时，既要营收也要利润，每个指标占50%的权重，这导致业务单元陷入纠结，不敢或不能进行业务战略的决策，只能按照过去的路径发展，最后交付惨淡业绩。

这位CHO唱高调："如果每个干部都只按照KPI来做事，那他就不配当我们公司的干部。"我差点儿笑出来，直接回怼："既然您公司的干部都这么优秀了，别设KPI嘛，这多麻烦呀，大家都无私奉献不就得了？"

我在谈技术问题，你给我唱情怀高调。你在干部大会上讲话可以这样说，做价值观的牵引，但给我一个外部专家表演这些干什么？另外，如果都用无私奉献这个万能答案来回避管理技术问题，是不是所有人都可以做你们公司的CHO？

再如，我谈到我们在市场化激励设计上的一些新实践，主要是职能并联、跟投对赌等。对于这些方法，我们有一套原创模型，在若干大型企业客户中都实践过，效果相当不错。

这位CHO打断了我："这不就是华为那种铁三角、项目制，不就是海尔那种小微模式吗？我们早就做过了。"我又笑了："那贵司在这个方面应该是高段位了,这类制度当前运行得如何呀?"

CHO 云淡风轻地说:"很多人没玩过不知道,我们玩过后就明白,这些制度都有漏洞,其实并不那么好用,我们试过发现问题后就放弃了。"我平淡地笑了笑:"看来华为、海尔这类企业还没有发现问题,它们危险了。"

你觉得简单,是因为你没有真正玩过,或者说只是浅浅玩过;人家觉得复杂,是因为人家深入玩过。据我所知,华为、海尔这类企业在激励机制建设上的投入,可不是一个小数目。这位 CHO 的姿态,就好比一个小孩走进了酒吧,要了一杯酒,点了一支烟,然后装腔作势、吞云吐雾地说:"人生嘛,不过如此。"然而,你们在这方面如果真的那么出色,就不会从行业一线跌为二线了。

这位 CHO 习惯了别人顺着他说,发现我有点儿不走寻常路后,有点儿尴尬。

我礼貌地开始关闭对话:"我看您也挺忙的,回头再交流吧。"

CHO 如释重负:"好,这手上太多事情了,等会儿还要见个客户呢。"

我来了兴趣:"您这都履新 CHO 了,还要亲自见客户、抓业务呢?"

CHO 脸上浮现了抑制不住的自豪:"嘿,业务那块工作还需要交接,现在还离不开我。"

哪里是离不开你!一是你没有安全感,不愿意放手;二是你自己瞧不上人力资源管理,不愿意做罢了。

第二个故事，是关于人力资源视角看人力资源的。

几年前，一个千亿元级营收的企业应老板要求，想要启动人效管理。人力资源部的某模块经理作为项目对接人，找到了穆胜咨询，探讨项目合作的可能性。

在售前环节，我们有专门的售前顾问进行交流，在没有收到客户付款时，我一般不会亲自沟通。但对方的模块经理非常负责，一方面陈述合作前景，另一方面表示高度认可我司的专业性，力图促成我与对方 CHO 的电话会沟通。多番沟通之下，在反复确认"CHO 可以拍板决定项目是否进行"后，我们的售前顾问说服我破例与对方进行了 30 分钟的交流。

电话两头接入了双方的六七名同事，我尝试快速展示方法论，以便对齐供需双方的预期。我谈到，人效管理可以简单理解为两个方面：**一是人效解码**，就是把集团整体的人效标准分解到每个前台业务单元（business unit，BU）和中后台部门，但绝对不能"一刀切"，每个被考核主体的指标和目标值都应该不同；**二是人效赋能**，就是以 HRBP（HR business partner，人力资源业务伙伴）为箭头，依托集团 COE（center of excellence，专家中心）和 SSC（shared services center，共享服务中心）提供的支持，为业务部门提供人效提升的解决方案。

最开始，当我谈到人效解码时，这位 CHO 还不时插入评论，表示高度认同，对话氛围很愉快。而进入人效赋能的描述时，这位 CHO 有点儿坐不住了，几次抢话，反复表达人效赋能的难度。最后，她终于忍不住了，在电话那头用我可以脑补的表情喊出了："人力资源部很难赋能人效提升，人效是业务发展带出来的，我们只能倒逼，只能倒逼！"我想，她一定是怕我再说出什么让她"冒险"的事情，更怕我们出位的观点蛊惑了她的团队。

说白了，她把人力资源部当作权力机构，但又不敢用人效这把刀来赶尽杀绝，在尝试"一刀切"式地复制集团人效指标到每个部门并遭遇强烈抵制后，只能找个第三方咨询机构来做方案背锅。从一开始，她就没有想过要做真正的人效管理，她只是想在老板面前表演自己的执行力而已。一方面，人效解码是咨询公司做的，与她无关；另一方面，她绝对不会承担人效赋能的风险，因为她主张自己"只能倒逼"。

其实，她之所以会有这种职场"老油条"的选择，是因为她根本不相信人力资源专业能够推动经营，自己从心底里就瞧不起自己。于是，连续听到几遍"只能倒逼"后，我结束了会议，留下让人玩味的一句："贵司业务前景广阔，人力资源操作稳健，加上有您这种有经验的领导，不做人效管理也会很好嘛。"

其实，上述这两种CHO本质上是一种人，将他们放到对方的角色里，他们的表现还会一样。如果让他们在某个时空相遇，我相信他们一定是价值观高度契合的灵魂伴侣。**他们灵魂深处的认知是一种管理上的反智主义、匪帮主义**。他们不相信管理是一门科学，更不相信管理能推动经营。再想远一点儿，他们又真的相信经营是一门科学吗？也不相信，他们只是把经营看作一种机会主义的套利而已。

这两个故事里，人力资源专业何其尴尬？外人看不起，自己人不相信，在这两类人的眼中，这个专业就是发发钱、调调人、讲讲课、打打小官司的操作工种，与经营哪有什么关系？

这两种无知，恰恰是见识太少的结果。你没有见过人力资源推动经营，不代表不可能。有时正是因为他们自己心里有执念，才会对一些人力资源专业上积极的可能性视而不见。再多的先锋实践，在这两类人眼里，也会被看作"不就那么回事嘛"。

就算我看过了大量的企业，接触了形形色色的老板和高管，我依然认为自己的认知尚须锤炼，远远不够。很多人以为自己在企业里摸爬滚打很多年，积累了足够的认知，已经处于"高段位"，否定一切，油盐不进。殊不知，你经历的职场样本只有两三个，有的还是那种管理残缺的畸形样本，怎么敢妄言"认知""段位"。

文玩核桃配一对，看起来是脑子的形状，实际上是玩物；"卧龙"身边伴"凤雏"，看起来都是骁勇善战的大将，实际上都是绣花枕头。 对这两种无知，还有什么好说的？

但我们依然要看到希望。

2023年，我们为某企业实施人效管理项目，每次现场辅导时，对方的领导班子、人力资源部和业务部门都会积极参与，效果自然也事半功倍。在项目中后期的某次辅导时，我们将该企业的业务进行分类、分级，并分别确定了业务战略指引下的人效标准。在我们达成共识的人效矩阵里，哪些地方追求哪种人效，哪些地方放人效，哪些地方收人效，一目了然，老板、业务负责人、人力资源很快达成了高度共识。

成果输出，这次辅导也马上要结束了。我突然发问："各位，我们谈的是人力资源还是经营？"在场各位愣住了 3 秒钟，然后就议论开了。

一位参会者说："我们谈的既是人力资源，也是经营。"

我问老板和业务负责人："这样的人力资源职能，你们认同它的价值吗？"

老板和业务负责人异口同声地回应："认同！"

我又问 HR 们："这样的人力资源职能，你们有存在感吗？"

HR 们用更大的声音回答："有！"

……

本书是"穆胜人效三部曲"的最后一部。第一本《人力资源效能》更多是普及基本知识，介绍了人效的基本理念，初步给出了人效管理的方法论；第二本《人效管理》则对方法论进行了深度探讨，加载了更多的经营逻辑和量化方法；这本《人效战略》则对人效管理体系进行了更加大胆的推进，将其完全与企业的战略结合起来，给出了一个振聋发聩的观点——不在组织与人力资源职能上落地的战略毫无意义，只是战略意图或情怀口号，组织与人力资源职能是战略的真正发动机。

迄今为止，我和团队已经深入人效管理领域十余年（见附录 A 穆胜咨询人效管理研究大事记），这本书也是我对这个理论和方法体系的收尾。在这十余年研究与实践的过程中，我们收到了诸多积极反馈，也不断发现新的、有挑战性的问题，更有许多朋友多次"催更"，这些都是我写作的动力，前两部曲就是在这样的推动下瓜熟蒂落的。现在，随着最后这部《人效战略》面世，我和穆胜咨询关于人效管理的认知都浓缩在这三部曲里了。

  我真心希望能为人力资源这个专业的进步尽绵薄之力，更希望本书能够对有心人略有裨益，让 HR 找到自己更大的专业价值，也让老板、高管和业务负责人们能以人力资源专业为抓手落地战略，推动经营。

HR EFFICIENCY
AS A STRATEGY

目 录

前言　两种无知

上篇　理念

第一章　战略失效？组织问题！　　3
　　战略的关键是组织　　4
　　战略执行的几个模型　　7
　　经典模型忽略的组织死结　　12

第二章　组织问题，人效破局　　17
　　组织的关键是人效　　19
　　两个口径的人效　　22

两种人效的战略意义	26

第三章　人效管理，该怎么管　　31
人效解码	32
人效赋能	35
队伍规划	38

第四章　人效没管理，谁的问题　　44
人效不用管？	45
人效管不了？	49
人效认知体现格局	52

下篇　方法

第五章　前台业务单元的人效解码　　61
人效解码的僵局	62
"人效矩阵 2.0" 应运而生	65
"人效矩阵 2.0" 的应用	69
"人效矩阵 2.0" 的实践案例	73

第六章　中后台职能部门的效能解码　　76
战略解码式考核的陷阱	78
中后台部门考核的两大新原则	80
中后台效能考核的两个视角	82

	全面效能考核落地四步法	86
	中后台效能考核的三个死结	89
第七章	人效赋能的几种全新思路	93
	职能运作的结界	95
	第一个突破：业务化	100
	第二个突破：流动化	104
	第三个突破：市场化	108
第八章	宽口径人效下的队伍规划	115
	业务战略不清	117
	部门看重私利	121
	业务分类管理	123
	人效解码的未竟之事	128
第九章	窄口径人效下的队伍规划	132
	核心人效的战略意义	133
	核心人才队伍的量化方法	138
	核心人才队伍的动态规划	142
	人力资本的增长逻辑	148
第十章	双口径人效下的队伍规划	152
	先宽后窄的队伍规划	154
	先窄后宽的队伍规划	157

队伍规划的瀑布结构　　　　　　　　　　　162

第十一章　发现企业的浪费之源　　　　　　169

　　　套路1：战略聚焦法　　　　　　　　　　170
　　　套路2：组织增压法　　　　　　　　　　173
　　　套路3：经营承包法　　　　　　　　　　176
　　　套路4：数字化提效法　　　　　　　　　180
　　　套路5：极限成本法　　　　　　　　　　183
　　　企业浪费的病灶　　　　　　　　　　　　185

附录　　　　　　　　　　　　　　　　　　　192

　　　附录A　穆胜咨询人效管理研究大事记　　192
　　　附录B　以人效附加值评估企业人效水平　202
　　　附录C　泛行业人效数据有什么决策意义　207
　　　附录D　如何挖掘行业人效数据的价值　　213

上 篇
HR EFFICIENCY AS A STRATEGY

理 念

人效管理从概念兴起到现在，依然是"老板轻松指挥，人力资源部艰难独舞"的游戏。问题的关键在于，人效管理被限定在"人力资源专业"的范围，被看成一种"打急抓"的降本手段，并没有和企业的经营业绩发生强关联。

对人效管理的研究越深，我就越能发现它的重要性。我接下来的观点可能会对某些保守派形成冲击，保守的HR们可能认为我把他们推到了过于重要的位置上，而保守的老板、高管和业务管理者可能认为我把一项后勤职能过度美化了，但我依然坚持要把它抛出来。因为，不说清楚这个"原点"，人效管理这个概念在中国绝对不会有太长的生命周期。

在接下来的几章里，我想要说明人效管理与业务战略的强关联。过去，我曾提出人效管理对于组织升级的积极影响；现在，我将证明人效管理不仅能影响组织，更能直接影响战略落地，甚至它本身就是一种战略。

当然，承接这样重要功能的人效管理必然与当下若干简单粗暴的"人效管理"不同。那些所谓的"人效管理"刚性地下达指标，没有着眼于业绩增长（产出），反而紧盯着成本缩减（投入），以"运动式"降本回应了老板"抓人效"的要求。坦率地讲，这些尝试丝毫没有推动人效管理进步，反而给这项工作带来了极大的负面影响。我将尝试给出经过长期研究和实践后对于人效管理的方法论定义，借以明确人效管理工作的内容。也许，我的定义和公众对于人效管理的理解并不相同，但请认真看看我的表述和解释，我想，有心的读者会有新的思考。

在人效管理概念火热时，我也听到了不少对于这股潮流的反对之声，"人效不用管"的盲目乐观主义和"人效管不了"的逃亡主义就是两种典型。让人有点儿惊讶的是，这两种思潮的拥护者不在少数，大量HR甚至也深陷其中。这本书作为"穆胜人效三部曲"的最后一部，有必要对这些理念进行一次厘清。其实，与这些观点本身进行争论毫无意义，我们应该瞄准的是这些观点背后狭小的认知格局。我们深知，在不同的"坐标"下，根本不可能找到共识。本书披露了穆胜咨询的一个多样本的统计，证实大多数人"矮化"人效管理并非有心为之，只是因为他们没有看到人效管理更大的可能性。

也许，打开了另一个认知世界的大门，大家都能看到更多的精彩，HR就能拥有更大的舞台，企业也能找到另一个落地战略和推动经营的支点。

HR EFFICIENCY
AS A STRATEGY

第 一 章

战略失效？组织问题！

本书名为《人效战略》，意思是人效是一种"战略级"的决策，既是战略落地的抓手，也能够清晰映射企业的战略。所以，本书的开始先将人效按下不表，而是从战略谈起。

对于绝大多数企业来说，战略其实是一块"华丽的遮羞布"。说它华丽，是因为口号往往豪情万丈，振奋人心；说它是遮羞布，是因为战略往往很难化为行动，就只剩下遮羞的口号了。十年之前，绝大多数企业将这种尴尬理解为执行力问题，这让执行力相关的培训红极一时。实际上，这种解题方式实属"头痛医头，脚痛医脚"，并不能带来相关效果。

执行力差只是一种表现，战略失效真正的原因在其他地方。但让人遗憾的是，很少有老板能够进行深层次的反思，触碰这个问题的本质。

战略的关键是组织

我们首先来探讨一个底层逻辑——作为老板，最应该管什么。有一个比较流行的模型是：

企业业绩 = 战略 × 组织能力

说白了，老板一是管战略，二是管组织。

在战略上，老板都有宏图大志，挥斥方遒，喜欢喊大口号，动不动就要"再造一个自己"，让市值或营收翻倍。但到了组织上，老板倾向于把这个话题理解得很小，解题方法也让人哭笑不得。

一方面，他们喜欢把战略和组织割裂开来，认为自己应该专注于战略，在人力上只需要找到一个好的 CHO 或 HRD 就行。我无数次听到客户的诉求："穆老师，有没有比较理解您思想、掌握您方法的靠谱 HR 一把手，我们急需。"或者，他们会感叹："要是我们有 ××①那样的 CHO 就好了！"

另一方面，他们迷恋一些"术"，甚至喜欢寻找"特效药"。更有若干老板朋友经常兴奋地蹦出："穆老师，您了解 ×× 工具吗？某某大厂之所以这么牛就是因为用了这个，我们也准备导入。"②前文提到不少企业迷恋的"执行力"，也是这一种特效药。

其实，当老板们产生上述想法时，他们的战略和组织就都完了。即使这种企业能获得成功，也是一时的运气，是机会主义的胜利。纵观中外企业的发展史，我从来没有见过不重视组织管理的企业可以基业长青。靠运气赚来的钱，都会被实力"浪"出去。最近两年频频退场的那些商业大佬，表面上看是时运不济，实际上都是在被自己"仰望战略，不顾组织"的荒谬行为所惩罚。

不仅老板们在割裂战略和组织，学者们也有类似的误会。前几年，就有国内学者争论过究竟是经营重要，还是管理重要。其实，这个争论没有意义，经营战略和组织管理是一枚硬币的两面。

我的观点是，**战略的宏图大志如果没有用组织上的安排来验证，只会是空想，毫无意义。这样的战略并不是真正的战略，最多算是**

---

① 指某企业明星 CHO，这些企业在业绩彪炳时，一切的经营管理动作都被认为是标杆，其 CHO 自然也被捧为明星，甚至被神化。自然，绝大多数人力资源管理薄弱的企业会将他们奉为大神。
② 在咨询市场上，通常会有一类产品，我们称之为"小刀产品"，意为"小刀锯大树"。这些产品都宣传自己能够"即插即用""万试万灵"，都有大厂的"疗效"作为背书，定价都在 30 万元左右。这个定价区很有意思，基本就是不愿在组织上投入的老板们能接受的极限。他们的心态是，试一试嘛，万一能行呢！

"战略意图",甚至可以理解为廉价的"情怀口号"。

我们来看一个典型的例子。

我先提一个问题:中国做自营电商的企业那么多,为什么最后就成就了京东一家独大?当当、聚美优品、唯品会、凡客不配吗?

有人说,这是因为刘强东有战略眼光,看准了要扩品类、自建物流。我帮各位读者朋友回忆一下,凡客创立之初就自建物流如风达,在扩品类上也堪称疯狂。你能说陈年没有战略眼光吗?我再帮各位回忆一下,当当在最初拿 IDG 等机构投资的时候,那可是承诺要做中国的亚马逊呀!你能说当时的李国庆夫妻没有战略眼光吗?

有人说,是资本相信刘强东。醒醒吧,资本是最无情的,它们坚定地投资刘强东,绝对不会仅仅因为他是农民的儿子,看起来老实憨厚,一定是因为这个项目更加有利可图。

好了,问题已经浮出水面,既然这个赛道的企业家都有战略眼光,那么,为什么他们中的大多数没有战略定力?不敢在关键战略上投资源?

这个问题其实很简单,不敢投入,无非就是产出太少,投产比算不过来。而之所以有的企业家能有战略定力,敢于在关键战略上持续投资源,并不是单纯因为人家胆大,而是因为人家能够把资源投入转化为合理的业绩。

相似的战略,初始投入的资源也相似,那么,企业为何会产生不同的投产比,以至于在同样的方向上有进有退?关键在于组织(organization)。组织围绕企业的目的设计分工,并将人和各类资源进行排列组合,组织的水平决定了投产比!

举例来说,京东和竞对(竞争对手)一起在物流上砸钱,最开始大家都因为规模不足而没有实现盈利，但刘强东因为在组织上的某些合理设计，他投入一个单位的资源带来的收益远比对手要高，那么，对手就会退却，刘强东就会坚持。不仅如此，京东投入单位资源带来的收益还在不断加速增加，让刘强东和资本都看得到未来丰厚盈利的希望。那么，这种战略定力就会被进一步强化。

企业家的战略定力由什么决定？表面看是胆识，深层次是效能（efficiency，即投产比，也称效率）；而决定效能的，其实是组织。

换个角度看，什么是"好战略"？"好战略"就是能被执行下去的战略。什么战略能被执行下去？如果一种战略能够带来相对于竞争对手更高的效能，那么，它就能被制定者相信并由企业执行下去。

所以，脱离组织和效能来谈论战略定力和战略优劣没有任何意义。说到这里，我要对大家比较喜欢使用的那个模型提点儿看法。"企业业绩 = 战略 × 组织能力"的模型看似整齐有力，实际上是一个没有太多应用价值的信息，它呈现的更多是没有营养的废话，好比说一个人之所以饿死，是因为没吃东西。

不仅如此，这个模型还会诱导使用者将"战略"与"组织"割裂开。被这样的思路引领，"战略脱离组织""战略无法落地""有战略、无定力"等情况还会一次又一次地发生。

战略执行的几个模型

平心而论，如何把战略和组织联系起来，一直是受到广泛关注的话题。这个领域被称为战略执行（strategy implement），其本身是极其复杂的，甚至有学者认为"战略执行基本涉及组织的所有活动"。

不妨把目光聚焦到那些战略执行很成功的标杆企业，在它们的成功背后，都有一些将战略落地到组织的经典模型。

涉及战略落地，最核心的环节是战略解码，即如何化战略为行动。这个领域越不过去的"高塔"就是平衡计分卡（balanced score card，BSC）。

这个模型由哈佛大学教授卡普兰（Robert S. Kaplan）和复兴全球战略集团（Nolan-Norton）总裁诺顿（David P. Norton）共同提出⊖，从财务、客户、内部运营、学习成长四个维度，完美描述了企业由内而外产生业绩的过程。由于这个模型覆盖了企业的所有经营管理活动，一旦企业确定了战略方向，这个模型就能将其分解为所有职能领域的行动。这种极强的功能性让其受到了诸多企业的热烈追捧，甚至一度被誉为 20 世纪最伟大的管理工具之一，影响延续至今。

尽管平衡计分卡的逻辑堪称完美，卡普兰和诺顿也为这个模型配置了若干实操的方法论，但企业在实践过程中依然有可能走偏。原因无他，战略管理是一个需要调动全局、持续迭代的工作，如果没有相关的流程来支持运转，最初解码出来的成果就很有可能逐渐耗散。

于是，企业开始寻找能够将战略落地流程化的工具，咨询机构也进行了若干探索。其中，最有代表性的当属华为摸索出的 DSTE（develop strategy to execution）流程⊖，包括战略制定、战略解码、战

⊖ 1990 年，他们在一个为期一年的绩效考核模式开发项目里进行合作并提炼了这一模型。1992 年，两个人将成果发表在了《哈佛商业评论》上，之后，又基于这个核心模型发表了一系列成果，如战略地图、战略中心型组织等。

⊖ DSTE 流程是华为 17 个一级流程之一，包括三个二级流程：战略规划（strategy plan，SP）流程、年度经营计划（business plan，BP）流程、战略执行运营管理。

略执行与监控、战略评估四个阶段，跨越了战略制定到执行的全生命周期，如图 1-1 所示。

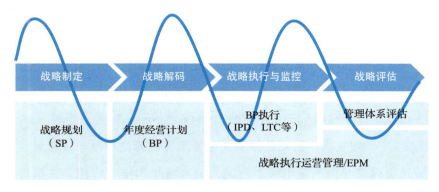

图 1-1　DSTE 流程

资料来源：华为。

这个流程最受外界关注的是两部分：

一是业务领先模型（business leadership model，BLM），主要解决战略规划（strategy plan，SP）流程的问题。如图 1-2 所示。

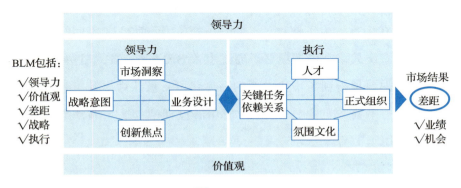

图 1-2　BLM

资料来源：IBM。

这个模型是由 IBM 公司基于 Tushman 等人的著作《创新跃迁》[一]创建的战略思考框架，通过市场洞察，明确战略意图，形成对业务组合与创新焦点的方向性结论。当然，这个模型也对落地部分进行了延伸，涉及组织、人才、文化等方面的改进行动。甚至，对于战略执行相关的领导力和价值观部分也有涉及。简言之，这个模型更多像是一个强调体系完善的思考框架，是支撑 DSTE 流程的第一步。

二是业务战略执行模型（business strategy execution model，BEM），主要解决战略解码阶段的问题，最终会形成年度经营计划。

这个模型是由三星电子提出的，后来被华为推广应用。它结合了六西格玛（sigma）质量管理方法[二]，提供了一套完整的流程、工具，能够用"相对严谨"的数学逻辑，将战略层层解码到部门、团队和个人。这个模型似乎完美弥补了 BLM 落地性不足的问题，形成了支撑 DSTE 流程的第二步。

华为在 2006 年通过咨询项目引入了 BLM，意在解决战略解码和落地执行的问题，但据传，此咨询项目的效果并未达到预期，战略解码依然存在困难。为了解决这个问题，2012 年到 2013 年期间，华为又实施了一次战略类咨询项目，通过引入 BEM 来完善战略解码工作。这次咨询的效果得到了华为内部的高度认可，被认为提升了其战略执行的能力。有意思的是，在 BEM 使用的过程中，核心部分的战略解码依然使用了平衡计分卡。

[一] 由 Michael L. Tushman 和 Charles A. O'Reilly III 于 1997 年在哈佛商学院出版社出版的著作，原名为 *Winning Through Innovation*。

[二] 一种改善企业质量管理的技术，以零缺陷的商业追求，带动质量管理及相关成本的大幅降低，最终实现财务成果的产出，并提升企业的竞争优势。

以 BLM 和 BEM 为支撑，战略方向被分解为具体任务，DSTE 流程中大部分的问题得以解决，战略执行有了相当的保障。但应该看到的是，DSTE 流程依然存在一定的局限性：

一方面，其实施难度极大，需要企业具备一定的能力，更需要坚定不移的决心。 正因如此，大多企业对此望而却步，或者是，在雄心勃勃上马类似项目后，不得不草草收场。

说直白点儿，这类战略管理全生命周期流程的实施，要求的条件太苛刻了。但凡组织内哪个环节因能力缺乏无法执行流程，或实施者在意愿上有所退却，执行者反复发出抱怨，老板没有看到"立竿见影"的结果，流程就可能不了了之。除非有任正非这样的老板，以超前视野来洞见终局，再以超强权威来坚持到底。但中国企业里，有几个任正非这样的老板呢？

另一方面，即使付出巨大的成本导入了 DSTE 流程，也依然存在执行耗散。 定好的战略规划，做好的战略解码，因为战略执行与监控、战略评估这两个阶段的某些瑕疵，并不一定能够被执行。从结果上说，就是在某些业务领域里，资源投进去了，但产出却没有达到预期，效能低下。最让人尴尬的是，面对这种困局，企业往往还不能"硬碰硬"地奖勤罚懒。毫无疑问，这是组织的问题。

2022 年，任正非在一篇对企业内的文章中提到"……每个口都不要再讲故事，一定要讲实现，尤其在进行业务预判时，不要再抱幻想，讲故事骗公司……"⊖ 显然，华为这样优秀的公司依然存在组织层面的

⊖ 2022 年 8 月 23 日，华为创始人任正非发布了一篇题为《整个公司的经营方针要从追求规模转向追求利润和现金流》的文章，文中提出"把活下来作为最主要纲领、边缘业务全线收缩和关闭，把寒气传递给每个人"等振聋发聩的观点。

优化空间。DSTE 流程让战略执行水平上了一个台阶，但并没有在组织上解决战略执行的问题。

经典模型忽略的组织死结

上述经典模型，其实对于组织问题都有一定的深入思考，也尝试给出解决方案。但问题是，"组织死结"并没有解决，这就是制约战略落地的真正原因。形象点儿说，DSTE 流程等战略执行的模型可以让企业不在这个领域犯低级错误，但却无法解决"组织死结"这类高级问题。

更让人哭笑不得的是，连华为这样的企业都在尝试解决"组织死结"，但大量老板却更喜欢把组织降维理解为一个单纯的"战略执行系统"，甚至，不少老板简单地认为"战略制定之后就是下 KPI"。如此认知，战略执行必然不了了之，最初制定的战略正确与否也成了千古谜题。

其实，"组织"既是落地"战略"的底气，也是一面"照妖镜"，可以照出老板们在战略问题上的犹豫不决。我很相信一个判断——要评价一个老板战略思维的优劣，只需要看他对于组织的理解就够了。

我们可以把组织问题简化为两个方面的问题：一是分责权，二是分资源。前者是组织结构问题，后者是预算模式问题。企业的资源是有限的，如何设计最高效的组织结构，再把合理的资源投放到各类业务和各个专业条线上呢？看起来简单的两个方面的问题，却极少有企业能够解决。

第一个方面，在组织结构上，大多数老板都没有太深入的思考。他们遵循的一些常识很容易推断：

- 部门业务量大了就拆成两个。
- 部门业务量小了就合成一个。
- 一线需要灵活作战，就给点儿授权。
- 一线业务不够规范，就收点儿授权。
- 把所有无法分工的职责都放到一个强人负责的超级部门里，成为老板的分身，如运营中心、经营中心、协同中心等，形成一个"堰塞湖部门"。
- 稍微出现"堰塞湖部门"运转不畅，就将其取消，重新让各个条线直接向老板汇报，老板的管理幅宽拉大到夸张。

……………

我始终相信，**如果所有人对一个问题的答案出奇地一致，要么是因为这个问题过于简单，要么是因为大家的思考过于浅薄**。组织结构设计显然不是一个简单的问题，用上述简单粗暴的方式来解题，只会留下若干贻笑大方的低级错误。

所以我们会看到，相对于战略的变化（例如企业频频抛出新的战略口号），企业在组织上的调整是极少的。进一步延伸，企业在"组织构型"（organization architecture）㊀的业务流程、岗位设置等维度上，也是普遍僵化。战略和组织不同频，战略一定落不了地。

㊀ 即企业在更广义上的分工系统，包括商业模式、业务流程、组织结构、岗位系统。

第二个方面，在预算模式上，大多数老板根本没有思考过传统模式的合理性。

一方面，他们更喜欢找平衡，维护过去的组织架构和分配格局。

当前，企业采用的是"增量预算法"（the line-item budget approach，也叫"调整预算法"）。首先，老板会根据"期望的目标"和"企业的家底"，提出一个大概的方向。而后，财务部门根据上一年度财务报表反映的实际情况，结合本年度的收支预估，对老板的想法进行反馈，匡算一个大概的"预算增量包／减量包"。最后，将"预算增量包／减量包"按照上一年度的分配格局，经过一些简单的讨价还价，分解到不同部门。

与此相反的模式是零基预算法（zero-base budgeting，ZBB）[一]，即在编制预算时，对于所有的支出均不考虑以往情况，均以零为基底，从根本上分析其必要性。从道理上讲，这种预算模式显然更加科学，但为何实施零基预算法的企业依然寥寥可数呢？

因为这类方法会破坏预算分配的现状，让财务和人力部门（负责分配财务预算和人力预算）成为众矢之的！所以，在现有基础上分增量包／减量包是最稳妥的。这里，重点是人情世故，而非效率。但这种分配显然不是战略，如果把资源像撒胡椒面一样"照旧"撒下去，哪里谈得上什么战略思路，哪里可能有什么战略调整。

另一方面，更大的问题在于，这种预算根本不可控。

一般来说，一个部门的预算投入会对应一个业绩目标，但由于半

[一] 最初由德州仪器公司开发。

年后、年末才会进行考核,企业发现业绩不能达标时,预算已经花出去了。这种"时间差"让人有机可乘,于是出现了大量部门负责人讲故事,承诺"大目标",骗取"大预算"的现象。这就是任正非在那篇2022年的文章里批评的现象。当然,有时这些故事是被逼出来的,大量老板喜欢"拍脑袋"定下一个不可能完成的业绩目标,再豪放地给人、给钱。

有人会问了,老是骗取预算资源,最后不能完成业绩目标,这样不会损伤部门负责人自己的信誉,耽误自己在企业内的发展吗?但事实是,在既定目标下,更大的预算显然能够提供更大的保障;另外,更大的预算也是部门负责人的势力范围,他们必然"寸土必争"。

实在完不成业绩目标,他们也可以找到各种理由,如其他部门不配合,外部市场环境差等。对于这些理由,企业很难证实或证伪。最后,老板被"反向PUA[⊖]"了,反而会认可他们的理由,认为换一个人也不一定能解决这个问题,于是对绩效考核进行"模糊化"。这种妥协的结果是,明年这个问题还会再次上演,企业内会无限恶性循环。

进一步看,即使部门负责人拿着"大预算",打下了"大目标",他们就真的是英雄吗?不一定,他们可能是"伪英雄"。完全由资源"催肥"的业绩,很可能是昙花一现。举例来说,互联网企业在发展早期看重用户数,但用买量逻辑形成的用户很可能是休眠用户,这种KPI,你给资源就一定有,资源一收紧,立马就塌陷了。这种"催肥"

⊖ PUA,全称"pick-up-artist",原意为"搭讪艺术家",指男性接受过系统化学习、实践并不断更新提升、自我完善情商的行为。后来,PUA被泛化且贬义使用,多指一段关系中一方通过言语打压、行为否定、精神打压的方式对另一方进行情感控制。

业绩的方式，显然也不是战略执行。

说到这里，我必须解释一下，为什么没有把考核激励这个热点问题放入"组织死结"里。考核激励无法形成硬碰硬的奖勤罚懒，本质上是因为预算模式的瑕疵——"预算（投入）下发"与"绩效（产出）考核"各自独立，没有人关注效能（投产比）结果。

正因为存在上述"组织死结"，即使企业抛出宏图大志的战略，也会犹如重拳打到沙包上，不会产生任何反馈。所以，一些大型企业还会出现若干心照不宣的状况，即集团层面的战略文件下发了，但子公司、孙公司的行动一切照旧，除了在自己的文件上出现了一些类似"为了贯彻集团的×××战略"之类的套话，没有任何改变。

HR EFFICIENCY
AS A STRATEGY

第 二 章

组织问题，人效破局

"组织死结"早已存在，但能够破局的企业是凤毛麟角。这并非因为这个领域的工具不多，企业投入不大。君不见OD（organization development，组织开发）概念风靡商界？君不见诸多"组织创新"被大厂频频提及，甚至自封"新物种"？君不见诸多前沿概念席卷媒体，被奉为圭臬？

　　但结果是，风风火火之后，绝大多数企业在组织问题上原地踏步。在解决"组织死结"的道路上，似乎有一个看不见的关隘。当然，一番折腾之后的企业也变得务实，不少老板提到"我不需要那么多概念，关键是要带来结果"。

　　的确，老板们对于自己要打造一个什么样的组织，其实并没有太多的执着。他们大多并非组织与人力资源专业出身，在组织设计上，更多只会提出一些类似"以用户为中心""激活员工""敏捷作战"的理念，而不会给出具体可实施的方案。昨天，阿里巴巴引领了中国电商的辉煌，阿里巴巴的"政委体系""三板斧"概念就满天飞；今天，华为很火，华为的组织就成了标杆；明天，字节跳动业绩彪炳，字节跳动的组织就成了新标杆……至于这些企业有什么相同，有什么不同，对他们其实并不重要，他们要的是标杆企业"生意的结果"。

　　什么是"生意的结果"？**"生意的结果"就是制定出来的战略能被执行下去，投入的有限资源能产生可观收益，这实际上就是效能。**有人会说了，不少老板对效能并不重视，他们只关心产出。这不对。即使是那种盯着产出愿意投大资源的，他们依然会计算投产比，只不过，他们在某个时间段内为了获得"大产出"，愿意忍受更低的效能罢了。他们能忍受效能低到什么程度？必然有个底线。

跳过组织谈效能，似乎成了当下大多数企业的选择，人效管理正是在这种背景下越来越火。那么，这种对于人效的关注，真的可以破解前文提到的"组织死结"吗？

组织的关键是人效

让我们跳出组织，来思考生意的本质。任何企业的经营管理都可以归为三流：业务流、资金流、人才流。做生意，本质上就是基于业务流的推进，来合理配置资金流和人才流，见图2-1。这里，战略级的事情有两方面的问题。

图 2-1　生意的三流两效模型

资料来源：穆胜咨询。

一方面是战略问题，也就是规划业务流。具体来说，就是按照目标客户的精准需求，利用自身的核心能力，绕开强劲的竞争对手，找到一个有希望的业务空间。这个定位很考验老板对于市场的理解，因为资源有限，时间有限，竞争对手给你的空间有限，你只能在有限的目标上进行饱和攻击才能确保胜利。这个战略定位不能仅仅是战略意图或情怀口号，要让人产生一种豁然开朗的感觉。

另一方面是组织问题，或者说是资源配置问题，即配置资金流和人才流。具体来说，就是按照战略定位的行动方向，合理设计组织分工和配置资源，让业务落地产出经营业绩。企业在野心勃勃地制定和解码了战略之后，如何注入资源就决定了这个业务最终的样子，也决定了客户体验。

战略制定后，不少企业一是不会调整组织，二是喜欢沿用传统预算逻辑来投放资源。两个"组织死结"下，战略执行的效果可想而知。那么，应该如何破解呢？

第一种方式是最理想的方式，即改变组织模式（organization pattern），也就是实施组织变革或组织转型。

简单来说，**一是划小经营单元**，让最小的团队能够承担经营责任；**二是改变激励机制**，让经营单元中的参与者能够共创价值、共担风险、共享收益，让人人都是自己的CEO。相关的方法论，在我"平台型组织三部曲"的前两本——《平台型组织》和《重构平台型组织》㊀中，已经呈现得很清楚了。

其实，当前号称在进行组织创新、转型、变革的企业㊁，当前流行于市场的新型组织模式的概念㊂，绝大部分都指向我所谓的"平台型组织"。只不过，它们可能概念在前，缺乏实现而已。一旦概念缺乏实现，最终就会沦为没有意义的"大词"。

㊀ 这两本书均已由机械工业出版社出版。
㊁ 包括Zappos、Morningstar、Supercell、戈尔、塞氏、Cemex、HubSpot等企业。
㊂ 包括三叶草组织、合弄制、青色组织等概念。

没有老板不喜欢这种活力十足的组织，但问题是，有几个企业有决心实施这个层面的"变革"或"转型"呢？激进疗法有收益的预期，但也有风险在前，老板们不会轻易行动，尤其在经济下行压力加大时。他们更需要的，是一种保守疗法，既能够确保资源投放的转化效率，又不至于让企业伤筋动骨。

于是，老板们更愿意选择第二种方式，即跳过组织直接关注效能。

如果"考核什么，就得到什么"，那要让员工为企业投入的人、财两类资源负责，考核效能不就得了？

一旦效能成了企业关注的焦点，资源投放的逻辑就开始转变，变成效能逻辑，而不是分蛋糕的传统预算逻辑。也就是说，资源应该是根据业务的进展、按照效能标准逐步投放的。可以预支资源投入吗？可以，但必须用后续的业绩产出来达到效能标准。一旦没有达成，则会被效能标准所惩罚。

要让效能考核变得合理，最关键的是要设置合理的效能标准。效能标准从哪里来呢？要在老板的"战略思维"里找。以业务流、资金流和人才流来分析生意，所有老板认知的"战略思维"都可以归结为两点——人效逻辑和财效逻辑，说白了，就是老板愿意用什么样的人力和财务投入去换取什么样的业务结果。大多 HR 或财务人员没有找到老板的效能标准，只能说明自己的工作没有做到位。

当然，这个观点必然会遭到某些 HR 或财务人员的反对，他们认为自己已经明确询问过老板心中的效能标准，但老板依然给出"投入要少，产出要多"这类模糊的回答，所以自己没有责任。但想想，直接问老板效能标准，不就和恋爱中的男女直接问对方"你愿意为我努力奋斗吗？"一样天真。测量老板的效能标准，是个有技术含量的事情，本书后文会谈到。

在财效和人效中，我们更应该关注人效。根据穆胜咨询在2020年的一项针对A股上市公司的研究，在有互联网属性的企业里，人效每变动一个单位，财效同向变动4.33个单位。其实这很好理解，在数字时代，人是资源流转的中心，营收、成本、费用都是由人发起的。

当然，这里我不得不揭露一个现实——想要绕开组织变革或转型来实现人效大幅提升，几乎是不可能的，或者说，要提升人效，最应该从组织里挖掘红利。现实中，我们接触的不少关注人效的客户企业，最初都想通过"抓人效"来绕过组织转型。最初，它们可能找到一些"小妙招"，也能收获人效提升的一些效果。但最终，它们还是会随着"抓人效"动作的逐渐深入，走到组织转型这一步。当然，之前的种种工作也不是白白付出的，实际上为组织转型打好了基础。

穆胜咨询的定位是"战略解码、人效管理与组织变革专家"，这背后的一个逻辑判断是"组织变革是激进的人效管理，人效管理是渐进的组织变革，人效支持组织指向战略。"

两个口径的人效

当我们将组织作为中介变量，将战略和人效联系起来，我们就会发现，老板能不能为一项业务定出合理的人效标准，体现了他对这项业务的理解程度，以及他在这项业务上战略认知的高低。那些坚持"人要投入得少，产出一定要多"的老板，应该明白这种指令根本无法执行，他们实际上并没有战略。

定人效标准其实就是定两件事：一是定人效指标；二是在这个指标上定出人效目标值。其中，前者是核心，更体现思路的重要性，应该重点分析；相较之下，后者就更像是一个数学逻辑了。

这里，我们有必要谈谈什么是人效。本书后面的内容会阐述人效这个概念的诸多定义，但此处，我们仅用两个口径的指标对其进行区分，以便说明人效的战略意义。

第一个是"宽口径人效"。

这是现在大多数人理解的人效，也就是用业绩数据除以人数或人工成本。

这个指标有意义吗？有，它可以解决人力资源总量的投放问题。换句话说，有了这个指标，我们可以算出企业整体或某个局部的合理人员编制或人工成本。企业在有了战略思路后，必须要通过资源的投放让战略落地，此时，人力资源作为核心资源，其投放的多少必然会影响其他资源的投入，也必然会影响战略的落地。

企业的各类业务有取舍、缓急、轻重，人力资源的投入也必然有取舍、缓急、轻重，显然，后者对前者有重要的影响。那么，怎么在人力资源投入上衡量取舍、缓急、轻重？这通过对各类业务设置人效标准来完成，因为人效标准就是人力资源投放的标准。从这个意义上讲，"宽口径人效"具有相当的战略意义。

第二个是"窄口径人效"，也就是"核心人效"。

这是现在绝大多数人忽略的人效，也就是用企业业绩的北极星指标除以核心人才仓。其中，北极星指标是企业所有业绩数据中最内核的部分，而核心人才仓则是人才群体中最内核的部分。

想想，"窄口径人效"这个指标不重要吗？如果在企业的业绩里，北极星指标是核心驱动力；如果在企业的人才里，核心人才仓是核心驱动力；如果北极星指标的驱动力来自核心人才仓，这个指标该有多重要呀！

一方面，核心人效很大程度上决定了企业的战略前景，对它的规划和管理本身就是战略；另一方面，只有针对核心人效提升的选用育留方案，才能体现人力资源战略和战术价值，否则 HR 们只会陷入事务性工作，沦为后勤。

既然核心人效如此重要，如何进行识别呢？

首先，要识别出业绩的北极星指标。这要求我们能穿透生意，看到增长趋势的本质，找到企业最内核的增长力。

- 哪项业务是重中之重？
- 对于某项业务，究竟是追逐估值、市值，还是追求经营业绩？
- 如果是追求经营业绩，究竟是追求 GMV、营收、毛利、净利，还是现金流？
- 在增长方式上，究竟应该主推增收、节支，还是翻台（率）？
- 究竟要追求什么核心客户的业务指标？
- 究竟要追求哪类核心的业务指标？
- ……

上述问题，别说 HR 们，就连老板自己可能都没完全弄明白。对于老板来说，那种撒胡椒面一样地投入资源并用利润一刀切地进行考核，那种今天投入明天就有回报的预期，仍然是当前的主流。这是初级经营者的本能，但毫无疑问曲解了生意。

贾跃亭最初的"乐视七子，一个都不能少"和最后的崩盘，不是还历历在目吗？真的所有生意都一样重要？想想，如果所有生意第一天投进去，第二天就可以获利丰厚，那么，企业家（entrepreneur）的存在是不是就没有意义了？因为所有人都可以当企业家。

洞见终局、识别风险、组织资源、摸索路径、合理投放，按照业务的客观规律来最终获益，不才是企业家应该做的吗？

这一步是绕不过去的，只有找到了最内核的增长力，并在那个点上发力，企业才会跳出线性增长，走入自己舒服的战略空间，走到自己的"主场里"。这意味着，HR一定要和老板一起对业务抽丝剥茧、层层深入。

其次，要识别出核心人才仓。这要求我们能穿越队伍的熙熙攘攘，看到那 20% 的、能推动 80% 的北极星指标的人才群体。

- 不同岗位序列、不同层级、不同分工、不同能力属性，谁是你企业里那 20% 的人呢？
- 你的一级人才仓、二级人才仓、三级人才仓分别是哪支队伍？
- 这三个人才仓的攻防理念、人才站位、配合打法又分别是怎样的？
- 如何让他们对内能产生"1+1＞2"的化学反应？
- 又如何能让他们对外产生田忌赛马式的压制竞对的效果？
- ……………

这方面，也别高估了 HR 们的识别能力，即使有了数字化标签，大多数企业也没有人才识别的算法。

显然，这些都不是选用育留之类的具体事务，一定是战略级别的思考。这涉及人才管理问题，更涉及组织设计问题。没有组织设计的清晰思路，是很难锁定组织内的核心人才仓的，自然没有清晰的建队思路。老板们关注战略，疏离组织和人才是常态。他们中的大多数嘴上都喊重视，但其实并没有深度思考，这种重视太廉价，也没有意义。

想想，雨露均沾、搞平衡，是不是老板们建设人才队伍的方式？再想想，39 岁一刀切不是诸多企业的常态吗？事实上，这并不是年轻化、锐意进取的表现，反而是企业无法识别人才，只能用年龄来粗暴汰换的证明。

这一步也是绕不过去的，只有找到了人才中的核心成员，并在他们的身上做精准的选用育留，企业的人才队伍才会真正有灵魂，能成事。这意味着，HR 们一定要拉着老板一起对人才队伍抽丝剥茧、层层深入。

两种人效的战略意义

我想回到我们之前谈到的模型，与其说"企业业绩＝战略 × 组织能力"，不如说：

企业业绩＝f（战略定位，效能标准）

在这个公式里，战略定位负责塑造业务流，效能标准负责配置人才流和资金流，更重要的是人效标准，而重中之重则是核心人效标准。

在企业的战略定位下，人效标准意义重大：一方面，它说明了企业需要什么样的业绩产出（分子）；另一方面，它说明了企业愿意进行什么样的人力资源投入（分母）。如果没有人效标准，企业的战略定位毫无意义，因为这个念头没有在一种资源投放标准下被验证过。这种浑浑噩噩的状态，会让战略定位沦为情怀口号，老板和员工都会越来越随波逐流，企业的发展完全进入随缘状态。

多年前，一个头部投资机构的高管向我吐槽，投资界有个不好的风气，很多小孩喜欢对外吹牛，说腾讯、美团的项目是自己投的。他说："什么叫是你投的，是你的钱吗？你为这个项目劣后负责吗？不涉及真金白银的资源投放，你的想法永远是个念头。真正对项目投资成败负责、拍板的那个人，才有资格说这个项目是他投的。"

同理，坐而论道、畅想业务谁都会，用你对于业务和队伍的理解设定人效标准，再按照人效标准把人力资源投进去，再等待业务开花结果，这才叫战略。

设定宽口径人效和核心人效两种标准，实际上体现了两个维度的战略思路，具有不同的战略意义。

在我们的实践中，企业显然更重视宽口径人效，并习惯于在这种口径里谈战略落地。表面上看，人力资源职能要支持业务战略，管理宽口径人效是简单直接的方式。

如果我们把战略理解为不同业务的取舍、缓急、轻重，那么，确定人力资源的投放方式其实没那么困难，只要将老板的战略意图"翻译"为宽口径人效标准就好。当然，这种"翻译"也没有那么容易，绝大多数 HR 服务企业十年，还不清楚老板心里的人效标准；不过，这种"翻译"仍是有技术方案可以遵循的，通过一些框架式的方法，我们都可以把老板"逼"到一定的决策点，定下人效标准的指标和数字。

但实际上，核心人效有更大的战略意义，这才是 HR 们推动经营的真正舞台。也就是说，人力资源职能要支持业务战略，还需要进入管理核心人效的境界。

道理很简单，如果我们要确定生意中的内核增长力，围绕这个方向投入核心人才，那么就必须关注核心人效。这类增长更有价值，更受到核心人才的驱动，核心人才仓的投放因此也更具战略意义。

在这个方向上，确定北极星指标还相对容易，因为这个指标是相对静态、单维度的。真正的难点是确定核心人才仓，并且对其进行持续的管理，因为核心人才仓是动态的、多维度的。不少老板把建设核心人才仓简单理解为对核心人才队伍进行"高配"和"超配"，这也是不正确的。一方面，你的企业不一定有这个底气来支付这种"豪放"需要的对价；另一方面，即便真的一掷千金了，效果可能适得其反。

正确的操作思路可能没那么简单。在与老板就北极星指标达成共识后，需要确定一二三级核心人才的（窄口径）人效标准，明确各类核心人力资源的投放。更要考虑到，由于三级核心人才之间有协作关系，是高度联动的，我们还要对其进行合理搭配，以一级核心人才的成长为主线，调整其他两级人才配置的节奏。而后，更应该基于人才队伍的配置节奏，设计配套的激励和赋能机制。只有在这个领域里发力，HR 才是真正在推动经营。

我们甚至可以这样总结：管理宽口径人效就是落地业务战略；管

理核心人效（窄口径人效）则是落地业务战略和人力资源战略。两相比较，管理核心人效显然应该是一种更高端的战略。

为什么这样说呢？因为"战略"应该指向更具杠杆效应、最具不确定性的事，它往往能够拉开企业之间的竞争差距。要打哪个业务阵地，老板指挥就好；但要打下这个业务阵地，还需要人力资源的高效配置。客观来讲，看到关键业务阵地的眼光其实不难复制，难以复制的是组织团队去打下这个业务阵地。

上述观点，大多企业并不一定能够理解，它们对于人效的关注仍然停留在宽口径上。但换一个角度，企业谈宽口径人效的习惯其实也正常。

当下的预算方式依然是"由宽到窄"，也就是说，先定财务预算，再划出人力预算，之后划出核心人力预算。但如果要追求合理性，预算方式其实应该转换为"由窄到宽"，也就是说，先定核心人力预算，再配置其他周边人力，形成人力预算，再为这些人配置财务资源，形成财务预算（见图2-2）。

图 2-2　两种不同的预算方式

资料来源：穆胜咨询。

两种操作引导出的结果天差地别。"由宽到窄"的预算方式，给予申请预算的部门一个强烈的暗示——我需要为自己划定地盘，越大越好；而"由窄到宽"的预算方式，提醒申请预算的部门去回答一个关键问题——为了创造价值、达成KPI，我们最需要的是哪些人？两者的不同，在第十章我会详细论述。

前文也谈到过，当企业习惯以增量预算法来惯性地释放预算时，战略已经有很大可能被架空了。在增量预算法的基础上，预算的方式是"由宽到窄"，战略被架空基本就是板上钉钉的事了。

所以，我强烈呼吁企业重视核心人效，而在本书的内容中，我也会尽力跳出宽口径人效的限制，更多触及核心人效的管理。事实上，在我的《人力资源效能》和《人效管理》两本书中，对于宽口径人效已经谈得够多了，我相信对核心人效的分析，将让人力资源专业彻底对接战略，为"穆胜人效三部曲"补上最关键的一环。

HR EFFICIENCY
AS A STRATEGY

第 三 章

人效管理，该怎么管

前面已经阐明了人效管理的战略意义，我相信，稍有生意感觉的老板、业务部门和 HR 一定会产生"要把人效管起来"的强烈意愿。但问题是，现实中能够真正实现以人效管理来落地战略的企业仍然寥寥无几。更多的情况是，人效管理成了一种砍人、砍人工成本的运动，和战略没有任何关系。

这里，首先要明确我对人效管理的定义。**人效管理，是通过在前台业务单元和中后台各组织模块（organization modular，OM，即中后台职能部门，简称中后台部门）合理放置人力资源这项企业经营的"核心筹码"，并搭配诸多简单、直接、定制化的选用育留等赋能手段来提升人效，最大程度推动企业整体业绩增长**。简言之，就是化有限的人力资源投入为确定性增长。

基于这个概念，我把人效管理的工作简单分为两个部分：一是人效解码，即确认各个业务单元或组织模块的人效标准，可以看作是为各业务单元或部门"出考题"；二是人效赋能，即以选用育留等各类人力资源职能手段来提升人效水平，可以看作为它们"给答案"。

当然，在这两部分工作之外，人效管理还有个非常重要的"隐藏模块"，可以说，对于这个"隐藏模块"的认知和投入，很大程度上决定了人效管理的长期效果。

人效解码

人效解码是以公司整体人效目标为前提，为各个前台业务单元和中后台部门解码出合理的人效标准，包括精确的指标和目标值。

人效指标的确认是个难点，但绝大多数企业试图用简单的方式绕过去。

不少 HR 向我反馈，他们所在企业抓人效"就抓一两个指标"，例如，人均营收、人均利润等。我问，所有的业务单元都是用这一两个指标吗？他们肯定地回答"是"。

其实，在我的《人效管理》一书中，我早就批评过这种谬误了——不同业务单元是不同的生意，怎么能用相同的人效指标来衡量呢？

但 HR 们的回答却很实际——这样方便管理呀，况且，考虑不同业务的实际情况，我们可以在目标值的设定上予以权衡嘛。

想法是好的，但执行起来肯定会误导各业务单元。道理很简单，你让一个程序员和一个厨师来比厨艺，虽然你考虑了程序员的专业技能不在这个领域，提出会降低对人家的要求，但程序员拿到这道不可理喻的"考题"，心里一定会有无限抱怨。

天上飞的，水里游的，大家的领域不同，考核的重点不同，千万不能让一个领域去迁就另一个领域，强行把大家拉到一个赛道上。"考核什么，就得到什么"，这是亘古不变的真理。

仔细想来，HR 们坚持这种简单粗暴的方式，虽然不能接受，但也算是情有可原。要让不同业务单元的人接受自己的人效指标不同，首先要与他们就生意的本质达成共识，这显然让 HR 走出了舒适区。与其如此，还不如用老板的"尚方宝剑"来直接下发一刀切的人效指标呢！况且，老板要求的人效指标，只能通过这种一刀切的方式下沉下去，才能确保向老板有交代呀。如果下发的人效指标不同，这相当于改"圣旨"了，谁能保证最后汇总起来是老板要的结果？

目标值的确认也是个难点，但绝大多数企业用草率的决策替代了数学的精算。

老板们大多能感觉到企业内人力资源投入的诸多浪费，因此，他们很容易对人效管理的概念产生强烈共鸣，并时常会大手一挥下达类似"本年公司的人效要提升30%"这样的目标。

各位，有没有想过为什么一定是30%，而不是29%或31%？原因在于，老板也没谱，他们给出的是一个"概数"。这个"概数"究竟有没有可能实现，有没有可能在今年实现，这需要人力资源部门进行精算，并将精算之后的结果与老板进行沟通，把"概数"变成"确数"。

但现实中，大多数人力资源部门的处理方式简单粗暴，它们没有计算逻辑，无法与老板就目标进行沟通。于是，HR转而选择借力打力，手持这把"尚方宝剑"，强行向业务部门转嫁压力，粗暴砍人、控编，除此之外，再无其他有效手段。前面是把所有被考核部门的人效指标强行统一，这里就可以在统一的人效指标里设定统一的目标值，想来倒是很方便。

这叫"人效一刀切"，不叫"人效解码"。 仔细想想，这样的工作方式，真的是老板们认可的吗？这样的工作方式取得的人效，真的是对企业有利的吗？如果企业高薪聘任了一个HRD，他用这种工作方式来交付，这份钱花得值吗？

其实，前台的每项业务、中后台的每个部门在长期和短期内的人效提升空间是可以计算的。只有针对每个被考核部门独特的人效指标，分别设置那种"跳起来，摸得着"的目标值，才是人效解码的正途。

同样，也只有计算出所有被考核部门的预期人效提升空间，用数学方法进行整合，才能得出企业整体人效提升目标的"确数"。从这个意义上说，各个被考核部门的人效指标和目标值并不完全是被自上而下"解码"出来的，而是经历反复的自上而下、自下而上的双向验证之后得出的结果。

问题来了，如果各个被考核部门背的人效指标不同，那么如何进行整合呢？换个方向，如果老板有对公司整体人效指标的要求，那么如何确保为各个被考核部门拆分指标、设定目标后，还能闭环公司的总目标呢？这又是个极具挑战的技术难题。

人效赋能

人效赋能是通过推动若干能够立竿见影的专项赋能项目（如组织调整、职级体系、激励改革、培训提升等）来切实提升企业人效水平。这些项目本质上是选用育留等各类人力资源职能手段的综合应用，是基于企业实际情况给出的综合落地方案。

当企业完成了人效解码，前中后台的被考核部门都有了明确的人效标准，它们就面临了相当的考核压力。本能地，被考核部门一定会提出各种非议，毕竟没有人愿意承受压力。有的被考核部门甚至会提出，负责人效解码的人力资源部门出了一道无解的考题，自己的人效水平不可能达到目标值。此时，人力资源部门必须通过深入业务的方式进行赋能，给出实实在在提升人效的方法，才能堵住反对者的嘴。

要实现人效赋能有两方面的条件：

一方面，要有公司层面的统一项目，这个部分的工作由人力资源部的专家中心（center of expertise，COE）负责。

要锁定这类项目，需要通过我设计的"人力资源战略地图"找到能快速提升企业人效水平的"人效经脉"，而后发现关键的"发力点"。具体来说，就是要根据人效目标的牵引，找到队伍的提升空间（"补短板"或"拉长板"），而后采用有针对性的选用育留职能运作来落地。

即使把时间锁定在短短 1 年内，企业也总能找到类似的"人效经脉"，并确定两三个人效提升项目。这些项目需要举全公司之力，且涉及对人力资源体系进行大幅修改，自然应该在公司层面立项。当然，项目的成果自然也可以惠及全公司，被所有接受人效考核的部门享受到。

举例来说，某风电企业负责维护全国范围内的风电站，一旦风机设备出现问题，就需要派出维护人员进行解决。但要在全国各地设置本地化的维护人员，成本巨大。更尴尬的是，在某些地域内，由于维护需求极少，人员自然有点儿闲置；而在另一些地域内，维护需求巨大，人员却相对紧缺。可以重新配置维护人员吗？很难，人员本地化了，已经在当地成家立业，异地调动难度太大。而且，这些维护需求还是动态的，随时在变化。

要为这个企业提升人效，我们找到的方法是建立人员的动态接单机制，也就是类似"滴滴摇人"的机制。为此，企业需要对维护人员的职业标准进行精细的分级认证，并将这种职业标准对合作机构开放，为其维护人员进行认证，以便让外部维护人员能够进入平台接单。当然，企业也需要同步建立按单结算的激励机制。如此一来，不仅企业内部的人员有动力异地接单，还能够纳入海量的社会劳动力支持。

这类项目，显然能够提升人效，显然也需要举全公司之力进行落地。

另一方面，要有落地到被考核部门的具体方案，这个部分由人力资源部的业务伙伴（business partner，BP）负责。

落地到被考核部门的方案有两部分。主要部分是从公司项目落地过来的措施；次要部分则是完全基于被考核部门本地需求的措施。两者相比，前者比较重要，更应该作为人效赋能的主要手段。

原因在于，前者有公司项目的基础打底，只需要考虑实施应用，相对可靠，且有规模化实施的可能性。反之，如果完全基于本地化需求，跳出公司项目来组织措施，其成败很大程度上就依赖于公司 BP 的个人能力，这是极不可靠的，也不能规模化实施。

如何将公司项目在被考核部门实施应用呢？公司项目考虑的是一般情况，它提供了一个操作框架，目的在于从整体上提升人效。但是，被考核部门可能有其特殊情况，其人效提升的需求可能略有不同，需要在操作框架中填充细节，实现一定程度的定制化。

举例来说，某科技集团的公司项目计划通过职级体系的调整，来实现更加密集的晋升阶梯，显化员工的阶段性进步，达到激励的效果。于是，集团人力资源部发布了一个由 COE 起草的新职级体系方案，界定了每层职级的任职资格（如任职年限、专业水平等），并说明了原有职级体系如何迁移。

方案下发后,某下属 BU 进行了对接,但其 HRBP 考虑该 BU 业务太新,队伍相对年轻,如果按照集团的任职资格,员工基本都会被归入低级,这将严重挫伤大家的积极性。于是,HRBP 起草方案对集团下发的任职资格进行了扩展。比如,在专业水平一项中,除集团认可的证书外,还加入了项目经验。证书和经验采用就高原则,达成任意一项即可达到专业水平要求。

该 BU 这样的调整,考虑了自身特殊情况,既没有破坏集团的框架,又强化了对员工特定行为的激励,比如,鼓励员工进入项目。自然,这些措施也得到了集团人力资源部的认可。

我们应该明白,人力资源部考虑得再周全,其方案也无法穷尽每个被考核部门的本地化细节。因此,理性的 COE 都会留下方案的扩展接口,供 HRBP 来发挥。当然,再特殊的被考核部门,也无法独立于公司来形成一套人效提升措施,因为这样不划算(没必要),更有风险。因此,理性的 HRBP 都会按照公司方案的框架,来填充本地化的细节。

队伍规划

上述两个部分,已经覆盖了 90% 以上人力资源从业者的认知。想来也是,人力资源部门回应老板对于人效的重视,一方面通过下人效指标来"出考题",另一方面通过选用育留的赋能来"给答案","A→B"的逻辑简单,闭环清晰,老板还能不满意?事实上,如果能做好上述两个部分的工作，的确能对人效提升起到立竿见影的作用，这种方案的确符合当下追求"短期速赢"的管理潮流。

但问题是，这种管理人效的方式在长期内是否能持续呢？

我提出的"人力资源经营价值链"（HR value chain）（见图3-1）可能回答了这个问题，人效的产生来自队伍状态，而队伍状态则被选用育留职能所影响。上述"A→B"的逻辑说明了选用育留职能对人效的作用，但却忽略了队伍状态作为中介变量的关键所在。

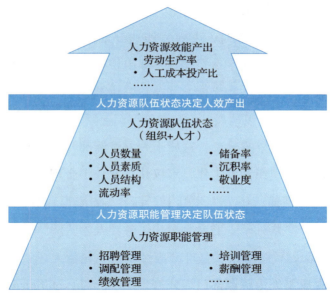

图 3-1　人力资源经营价值链

资料来源：穆胜咨询。

换言之，在选用育留上的若干"小妙招"的确能够对人效起到立竿见影的作用，但如果不考虑持续优化队伍状态，这种"小妙招"能够发挥的作用就非常有限。最大的可能就是，老板们突然重视人效并提出了高不可攀的目标，而人力资源部门则通过若干简单粗暴的方式"交作业"。这种方式犹如给运动员服用兴奋剂，短期出成绩，长期伤身体，绝对不可取。例如，如果队伍状态没有达到一定水平，却在短期内突然加压绩效考核、收缩编制，虽然可能暂时提升人效，但却会引发对组织内公平性的质疑，并逼走优秀员工，导致后续人效一蹶不振。

回到队伍状态，它究竟是什么？它对人效又起到了什么作用？

队伍状态一是看组织，二是看人才。当高水平人才普遍都能够在合适的位置上发挥才能时，人效才能达到最高水平。所以，优化队伍状态，就是要在合理的分工架构（即组织构型）下进行人才队伍的提升。

一方面，优化组织就是升级组织构型，包括业务流程、组织结构、职级体系、岗位设置等维度。这属于人力资源部门组织开发职能的工作内容。优秀的组织开发工作，不仅让企业分工合理、责权明确、协作紧凑、结构精简，还为人才打上了标签（如流程环节、部门归属、职级序列、岗位类别等），自动划分出了各类人才队伍。

另一方面，优化人才就是升级人才队伍，包括人才队伍的能力和意愿。前者属于人力资源部门人才开发（talent development，TD）职能的工作内容；后者则属于薪酬绩效（compensation & benefit，C&B）职能的工作内容。优秀的人才开发与薪酬绩效工作，意味着要在组织构型里锁定几个核心人才仓（即王牌人才队伍），并有取有舍、有先有后、有轻有重地实施培养和激励，以便对竞争对手形成田忌赛马式的压制。

对于人力资源部门来说，上述两类工作陌生吗？并不陌生。这不就是传统人力资源规划中的结构规划、数量规划和素质规划吗？如此看来，队伍维度的人力资源规划工作，加上职能维度的选用育留工作，不就是传统人力资源工作的内容吗？这也是一部分 HR 对于人效无感的原因，他们认为自己的工作内容并没有太多变化，于是，仅仅把人效管理当作人力资源领域的一个新概念、新分支，把实施一点儿所谓的"人效管理动作"当作向老板交的一次作业。

看起来，不同之处就在于我们加入了人效维度，让传统人力资源工作更接近经营，接近战略。如果以人效为终点来检验我们传统的人力资源体系，就会发现这个传统的体系有多么容易受到挑战。"不产生价值""不打粮食""与战略无关""自以为专业"，不都是来自老板、高管和业务部门的抱怨吗？

当我们将人效作为终点时，人力资源规划和选用育留职能都必须升级，绝对不能是原来按部就班的僵化操作。以人效来检验，很多所谓人力资源专业的经典，其实没有意义，甚至是错的。很多时候，评价某个东西好不好，要有检验的"硬标准"。这就好比传统武术在舞台上表演时，看起来的确让人热血沸腾，但真要让这些武者走上格斗擂台，那结果可能就会惨不忍睹。

要支持人效持续提升，队伍状态应该有精确规划。此时，不仅要有对于组织构型的精细设计，还要按照宽口径和窄口径人效进行人力资源投入的规划。其中，重点和难点部分是核心人才仓（窄口径）的规划，我们需要对人才队伍进行多维度扫描，才能找出核心人才。至于其余人才的规划，则都围绕核心人才仓规划进行。

核心人才仓规划包括两个部分：静态规划和动态规划。

静态规划是指这些人才仓分别需要多少人，需要什么样的人。我们相信 20% 的人创造了 80% 的业绩，但如何找到这 20% 的人？如何确定他们之间的人才阵型[一]，即共同目标（攻防理念）、各自定位（人才站位）、协作关系（配合打法）？这些复杂信息一定是从各类标签中精准筛选才能得到的结果。

举例来说，某个以研发能力为核心竞争力的企业，研发人才就一定都在企业的核心人才仓吗？不见得，它们的研发能力可能仅仅来自一两个合伙人级别的强人。庞大的研发部门里，大家都是核心人才吗？不见得，它们的研发人才可能有断层，头部人才的作用无与伦比，其余则都是可替换的辅助人员。

即使研发人才有相当一部分是核心人才，但依然需要回答若干问题。相比之下，技术研发和应用研发，哪个更重要？多个业务条线的研发团队里，哪个更重要？研发人员的年龄有梯次，哪个梯次的人更重要？

动态规划则是指这些人应该以什么样的节奏配置到位，配置的同时应该搭配什么样的人才开发和激励工作。相较于静态规划，动态规划显然更加复杂，更考验水平，更能达到队伍状态调整的效果。这是我以前关于人效管理的观点中较少涉及的，也是本书的重点内容。后续的章节会展示这种技术的复杂性，也会证明这种复杂性就是 HR 真

一 我在拙著《人效管理》中提出的概念，本书第九章中也有介绍。

正的价值所在。

有 HR 认为，这样对人才的精准区分和后续动作是不是太麻烦了，把研发人才整体框定为核心人才，再做点儿大培训，既不得罪人，工作也好宣传，不好吗？这种传统的人力资源工作思路，是极其错误的。在战略上，我说过，企业的资源有限、时间有限、竞争对手给的空间有限，只能选择有限目标进行饱和攻击，在人才开发和激励上也是同样的道理。上面的例子里，即使大部分研发人才都被纳入核心人才仓，对于他们的开发和激励，也有取舍、缓急和轻重。没有这种精确的目标感，人力资源规划和后续的选用育留工作只是走过场，根本无法达到持续提升效能的效果。

综上所述，人效管理工作应该有三个部分，"人效解码→队伍规划→人效赋能"，刚好对应人力资源经营价值链上的"人效→队伍→职能"三个维度。我想说的是，要想有人效的结果，千万不能"下跳棋"、只做短期的表面功夫，而是要尊重这种客观规律。当然，这些观点只适合那些真正的长期主义者。

HR EFFICIENCY
AS A STRATEGY

第 四 章

人效没管理，谁的问题

显然，人效管理并不是简单的"下指标"，而是组织与人力资源工作的一次系统升级。难题在前，不少企业开始退却，尤其有一种论调更让它们的退却变得合理——人效是业务的结果，根本不用太在意，业务做好了，人效就有了。

这种观点有两个隐含的结论：其一，"人效不用管"，即认为在企业庞大的营收体量和成本费用支出里，人力资源的投入可以忽略不计，不用舍本逐末、过于在意；其二，"人效管不了"，即认为关注人力资源的投入，并不能对业务起到推动作用，相反还可能阻碍业务的发展。

人效不用管？

这个结论把人力资源的投入看作很小的一块儿成本费用，认为经营者不用为这点儿投入去费心思，把业务做好了，人效自然就出来了。问题是，人力资源的增加，不是增加一点儿人工成本，而是会带来一系列的成本费用的浪费。因为各类资源是围绕人力资源这个核心来运转的，人力资源的过度浪费，一是不能带来合理的产出，二是会带来其他成本费用加倍的浪费。

举个简单的例子吧。

某个互联网公司的用户运营部门，负责对用户的拉新、留存、激活负责，简言之，就是要保持用户池的规模和活力，KPI是DAU（daily active user，日均活跃用户数）或MAU（monthly active user，月均活跃用户）。如果该部门负责人具备足够的能力和意愿，就能够以合理的投入去撬动绩效产出，但如果他的能力或意愿有所缺乏，他就会为了完成自己的绩效而不停索要人力资源和其他资源。

在"要人"和"要钱"（其他资源）上，职场经验丰富的部门负责人肯定会先"要人"，因为"要钱"给人一种这个人想走捷径的感觉，而"要人"则让人感觉他是真想做事。有趣的是，当企业按他的要求把增加的人配置到位了，自然也会把增加的钱配置到位。增加的人要做事，手里得有子弹（钱）呀。让人无奈的是，即使他需要的这些资源都能到位，他也不一定能完成业绩承诺。如此一来，人效和财效双双下降是必然的，企业的前景也会堪忧。但在双效中，人效下降是因，财效下降是果。

持有"人效不用管"这类荒谬观点的人没有意识到，金字塔的组织结构天然就是一个"浪费的结构"，如果不抓人效，人效就可能自动下降。 另外，即使凭借业务的迅猛发展能交出不错的人效答卷，也是用发展掩盖了问题，后患无穷。一个典型的例子是华为，它在营收规模登顶世界后，依然选择进行持续的组织变革[一]，任正非更是多次强调"人均效益"的重要性。他甚至说："不抓人均效益增长，管理就不会进步。因此一个企业最重要、最核心的就是追求长远地、持续地实现人均效益增长。"[二]

在金字塔组织（hierarchy 或 bureaucracy）内，由于效能（投产比）并不是关注的重点，组织内所有人的最优策略都是要"大资源"来打

[一] 以 IPD、ISC、IFS 等业务改进项目为载体，实际上也是在改进组织。
[二] 来自任正非《华为的冬天》一文。

"大目标"。一方面，有了"大资源"才有在组织内的"权利空间"；另一方面，对于大量缺乏经营才华的人来说，有了"大资源"才有达成目标的机会。至于"大资源"能不能真正换来"大目标"，这个要看天，随缘了。

企业只有把关注点放到人、财这两类效能上去，上述浪费才有可能被叫停。原因很简单，无论是谁，在提出增加人、财两类预算的需求时，都自动为自己增加了一个业绩的要求。在两类效能中，人效更有撬动财效的杠杆作用，因此，抓住人效，很大程度上就控制了浪费的源头。

还有一个论调更让人哭笑不得——人效不难抓，挤一挤组织这块"海绵"，自然有水流出来。看来，对一个容易达成的目标，自然不需要引起重视。

持有这类观点的企业可能太高估自己了，组织这块"海绵"的水不好挤。当然，我们的观点在过去也许很难证实或证伪，毕竟人效低下的企业不会承认自己在认真压缩组织、提升人效。但是，近年来的经济下行压力加大，已经让企业开始不得不为组织减负，让人效提升。

问题是，它们真的实现了自己的豪言吗？不妨用穆胜咨询《2023中国企业平台型组织建设报告》[一]的几组数据来说明问题：

- **大企业病指数**——除流程桶外，存在其余三类大企业病（部门墙、隔热层和真空罩）现象的企业占比均有所增加，并且企业

[一] 穆胜咨询每年发布一次的研究报告，2023年的报告包含了912家有效企业样本的数据。

数量占比增幅均在 10% 左右。整体来看，在企业经营形势不好的情况下，大企业病越来越严重了。

- **战斗人员占比**——战斗人员占比在 20% 以下的企业明显增加，而战斗人员占比在 20% 以上的企业则明显减少，两者的变化几乎刚好对冲。这说明，在企业经营形势普遍严峻的情况下，越来越多的员工往后中台里躲。

- **OS 值**——这个指标代表组织结构在多大程度上走向了科学的三台架构。该指标出现了严重下滑，尤其是中后台的建设开始回潮，越来越多的中后台退回传统的金字塔组织结构，对前台的支持明显减少。以后台为例，大量企业的后台从以前的"赋能"定位倒退至"行政管理"的定位。

- **绩效考核水平**——我们对绩效考核指标的三个维度进行了检测，即考核关联性，代表考核内容是否与经营绩效强关联；战略平衡感，代表考核内容是否与非财务的战略驱动指标进行强关联；目标合理度，代表考核指标的目标值是否合理。三大维度的指标全面下滑，下滑幅度在 7%~23% 之间。在经营的困难期出现了绩效考核工作的滑坡，这显然不是什么好事。

上述数据还只是几个典型，事实证明，组织没有那么容易压缩，自然人效也没有那么容易提升。

以史为鉴，不少前线"吃紧"的国家或政权，后方不也"紧吃"吗？前线的得失是皇帝的损益，后方的浪费会进自家的腰包。难道这种规律，到了今天的企业里就不存在了？

上述原理和数据证明了诸多企业家认可的结论——组织的发展就是一个熵增⊖的过程。要扭转这种过程，显然就需要改变"员工与企业是零和博弈"的底层假设。

所以，企业必须要考核抓人效，要让所有部门和个人，对自己获得的资源负责，去经营出结果。可以说，人效管理才是让员工从"员工心态"转变为"老板心态"的最佳方法。企业只有让员工从"员工心态"转变为"老板心态"，才能对抗组织的衰减。

人效管不了？

这个结论认为人力资源的投入与业绩增长之间并没有直接联系，认为控制人力资源的流向对于业绩来说没有意义。

显然，序章的第二个故事中强调"只能倒逼"的 CHO 就是这种观点的拥护者。人效就是投产比，在传统 HR 的意识里，分母能控制，分子却不能控制。于是，一方面给一个高人效标准，另一方面限制住人力投入，当业务单元不能达到人效标准时，要么强制人家裁员，要么让人家提交"人效提升整改方案"，这就是他们所谓的"倒逼"。

但我也想为这位 CHO 开脱两句，其实，每一个强调"只能倒逼"的 HR 背后，都有一个认知浅薄的老板，这不是 HR 的问题，是企业整体的问题。

⊖ 熵增定律，又称"热力学第二定律"，是克劳修斯提出的，即热量从高温物体流向低温物体是不可逆的。换种说法就是，在任何一个孤立的系统中，世间万物必然从有序到无序，直至死亡。这个定律用于说明组织的活力会随着发展逐渐衰减。

经济下行压力加大时，老板们习惯抓业务，看财报，轻管理，他们把经营和管理看成两件事，理所当然地把人效管理的工作扔给人力资源部门。但最大的财报杀手可能藏在人效管理里，他们应该亲自抓。他们纠结于一些关键财务指标的失败表现，却忽略了人效管理是影响这些指标的关键，极大程度上决定了财务结果。

老板们的这种思路，造成了经营和管理的"油水分离"，他们自己搞不好经营，HR 们也做不好管理。他们发起的狠抓人效的运动，自然也会不了了之。

人效管理缺位意味着什么？意味着人的投入产出缺乏标准。正因如此，企业才会陷入用"大资源"来赌"大目标"的畸形传统。讽刺的是，当企业把"大资源"配置下去，获得资源的部门却大概率不能带来当初承诺的"大目标"。如此一来，关键的高阶财务指标必然失控，让财务报表难看。

举例来说，一些企业的现金流保障倍数（=现金流/利润）太低，这很大程度上意味着企业通过赊销的方式来增加销售额，对于应收账款的管理失控。此时，增加大量无能的销售人员，海量投放资源，用低质量的方式来做大营收盘子，可能是万恶之源。此时，必须抓人效，而且，人效指标要精细打磨。产出上，应该关注有现金流保障的营收；投入上，应该关注成熟销售人员的配置。

反过来说，如果我们不用人效手段而用大多数企业的传统做法，仅仅强调在应收账款问题上"收口"，就一定管不住应收账款的问题。道理很简单，低质量的销售人员存在，他们不具备出货能力，但又必须用销售额来完成 KPI，必然导致大量低质量订单涌入。此时，业务部门的负责人们也会找出各种理由为他们打掩护，因为负责人们也要完成自己的 KPI。说穿了，企业和员工在此时的利益是不一致的。

财务报表的问题，最后都要在组织和人力资源上找答案。在我的视野里，财务上的若干高阶指标都能通过人效管理来改善，只要我们能找到正确的人效管理方法。

说穿了，人效管理，并不是单纯的裁人、缩编、减少人工成本，而是强调把人力资源在各个业务单元和组织模块上进行更加合理的配置，从而让企业获得更加有确定性的增长。**这不是一种消极的防守姿态，而是一种精实增长的进攻姿态**。当然，短视的老板和 HR 们一定看不见这种可能。

经常有人问，为什么重新配置人力资源就可以获得这种红利？穆老师你们怎么就能确认人家企业以前的配置就有问题？

"300% 有问题。"我回答。

原因还是在于循规蹈矩、四平八稳的"增量预算法"。换句话说，使用这种方法，战略能够传递到预算上的信息非常有限，预算基本按照"惯性"发放。人力预算以编制和人工成本为口径，是从财务预算里提取出来的，自然也是按照这种逻辑来发放。如果按照这种逻辑，真的能支持企业的战略意图吗？

现实中，我们经常看到老板大手一挥，定下一个极具挑战的目标。但如果我们计算出过去几年的复合增长率，就会发现按照现有趋势，这个目标根本无法达成。显然，这意味着必须调整战略打法，要出"奇招"。但有意思的是，除了老板在顶层喊几句口号，各个业务条线的打法依然很传统，资源配置也不会出现任何变化。

仔细想来，老板的口号是战略吗？不是，这只是一种战略意图，或者情怀臆想。如果他们真的如此坚定，一定会迅速地在组织上进行排兵布阵，追求落地，预算必然会有调整。现实中，99%的老板都会说"我们的战略很清晰呀"。相信我，这只是一句为自己壮胆的空话罢了。

之所以不能明确战略，一是因为人人都会习惯性地回避思考，二是因为重新锚定战略就意味着重新排兵布阵，这必然会破坏企业内的既有利益格局。况且，战略的调整还不一定能够起到作用，老板们并没有想通，于是就习惯一拖再拖了。

老板们的战略不清晰，于是，各个业务条线的战略也不清晰，人力资源的投入就无法重新配置，"保持现状"成了企业上上下下都会妥协的平衡点。

想想，人力资源投入和业务打法基本不变，业绩目标基本就是完不成的，此时，人力资源部门再按照老板的高要求下发一个"人效标准"，业务部门会不会张口就骂？

穆胜咨询《2023中国企业人力资源效能研究报告》显示，企业人效低下的最大病灶在于战略不清。意料之外，情理之中。

人效认知体现格局

在舆论的热度里，不少企业老板也在谈人效。而且，只要你谈到任正非重视人效，他们就马上瞪大了眼睛，竖起了耳朵，挽起了袖子，要对标学习一下。但他们中的绝大多数人所认知的人效，其实非常浅薄。这些认知，是造成得出前面两种错误结论的根本原因。

不仅老板，大量HR也没搞懂人效。几年前的一段经历让我颇为感慨：

有次客户宴请，老板当着我的面对人力和财务一把手进行提点——你们要给我抓人效呀，穆老师说，人效很重要，是企业的关键指标，我很认可。两位部门老总表情凝重、频频点头，似乎被领导点开悟了。但宴席中途，我在洗手间门口无意中听到了他们的对话。

财务老总问："老板啥意思，要减人、降人工成本？账上明明还有钱呀。"

人力老总问："老板要抓管理嘛，体现认知水平嘛，每次去了××商学院上EMBA，回来就要抽一阵风，不知道哪个大师给他灌输了人效管理。"

这话说得，我都不好意思出现了，只能原路返回宴席。我也借着刚才的话题，和老板聊了几句人效，老板也没有说出个所以然，只提到任正非都重视人效，自己也要抓人效云云。

其实，绝大部分老板拾起人效概念，更多还是跟风或饭圈思维。真对人效管理有功能性需求的，也主要因为以下几层原因㊀：

㊀ 我曾在《人效管理》一书中，将老板们关注人效的原因分为三类：第一类是关注分母部分的投入，将人力资源简单地看作一种成本；第二类是既关注分母部分的投入也关注分子部分的产出，希望抓住一波效率的红利；第三类是关注分子部分的产出，希望把人力资源放在最有把握的地方，实现经营突破。这种分类没有任何问题，但随着穆胜咨询接触越来越多有人效需求的企业，我发现，这些企业启动人效管理的原因更加具体。

第一层，让人力资源的使用者产生强烈的经营责任感。原来是部门负责人在要到了编制或人工成本后，就将其当作自己的所得，享受着膨胀后的队伍对自己的吹捧，而不愿意为企业的产出负责。老板们显然不喜欢干部的这种"山头主义"，自然要求他们交付人效结果。其实，作为部门负责人，在获得了资源后，应该有一种"负债经营"的压力。

第二层，避免形成抢夺人力资源这种"没有刹车的游戏"。企业能够投入的人力资源是有限的，如果所有部门都在拼命抢夺，再多的投入都不够分。形象点儿说，每人都来踩一脚油门，这辆车必然失控。资源有限的企业，尤其会为这种局面苦恼。

第三层，让被考核部门之间进行公平的经营管理竞赛。如果所有部门都抢夺人力资源，如果获得更多人力资源的部门更有希望完成业绩目标，那么，是不是能抢夺更多资源的部门就是英雄呢？如果按照这种逻辑，真的能够选出好干部吗？在传统预算机制下，会讲故事、会搞关系的干部自然会获得更多的人力资源，这真的是企业的导向吗？经营和管理的水平，最终都可以通过效能，尤其是人效来衡量，这才是公平的竞赛。

第四层，让有限的人力资源精准地投入最合适的领域。企业的人力资源是有限的，每个业务领域都嗷嗷待哺，每支人才队伍都需要发展，究竟应该重点投入哪里呢？显然，"放筹码"的方式，很大程度上决定了企业整体的业绩结果。在当下外部环境严苛的情况下，老板们显然意识到了自己筹码有限，开始关注投放的精准性，这是个认知上的巨大进步。

第五层，让被考核部门按照战略的导向来行动，力出一孔。"下人效标准"既意味着明确了投入，也意味着明确了产出。企业愿意投什么人进去？希望业务产出营收、毛利还是现金流？这些都在人效标准里说清楚了。如果说战略只是口号，人效标准就是在组织层面最重要的安排。不少企业仅仅靠"下 KPI"来要求产出，这在绝大多数时候没有任何意义。没有说清楚资源的投放，有的 KPI 根本就是"老虎吃天，没处下嘴"。人效标准是个契约，很大程度上说清楚了企业和干部的责权边界。

穆胜咨询在 2023 年对 37 家中大型客户企业的老板进行了调研，让每位老板在上述五层原因中选择三层。统计结果结合我们的抽样访谈显示，老板们的认知分布在三个区间（如图 4-1 所示）：

图 4-1　老板的人效认知分布

资料来源：穆胜咨询。

- 第一区间（第一、二层）里的老板把人力资源看作单纯的某类成本，管理方式简单粗暴，他们不关心组织，抓人效只是在"朋克养生"。

- 第二区间（第三层）里的老板希望以人效这个更加公允的评价标准来驱动干部，但依然把人效管理限制在人力资源管理的范畴内。
- 第三区间（第四、五层）里的老板开始意识到人效管理是一种经营职能，更有人开始将其作为业务战略的抓手。

整体来看，几乎所有的老板都选择了第一层和第二层，只有少数老板选择了第四层和第五层。由此可以得出一个很有意思的结论——**绝大多数老板可能根本没有意识到人效管理的深层意义。**

换句话说，绝大多数（第一、二区间）老板显然还没有将战略与组织联系起来，他们也没有意识到组织与人力资源管理工作还有如此多的可能性。他们把这个专业理解为传统的选用育留，把人力资源部门定位为后勤。后勤工作嘛，自己自然没有必要投入太多精力。

其实，**有点儿层次的老板，花在组织上的时间，甚至远远多于花在战略上的时间。**几年前，我和海尔的张瑞敏先生交流过这个问题。我问到，现在有一些外部专家议论海尔没有战略。他说如果自己去主抓一款产品，但组织不改变，他的手一放开，一切又会回到老样子。所以，海尔在这个时代最大的战略，就是砸烂过去的金字塔组织，打造一种拥有自驱力的组织模式，让人人都是自己的CEO。

企业家的认知不同，格局高下立判。

对于人效管理的思路，我在"穆胜人效三部曲"的《人力资源效能》和《人效管理》中已经铺陈完毕了。这本书更想彻底打通"组织与人力资源职能"和"战略职能"之间的天堑,让老板、业务部门和HR们都看到更大的风景。我想表达的是,组织负责落地和验证战略,而落地的抓手和验证的标准就是人效!

人效,本来就是个战略问题。

下篇

HR EFFICIENCY AS A STRATEGY

方法

上篇中，我谈到人效管理分为人效解码、人效赋能和队伍规划三部分工作。对于大多数企业来说，人效解码是它们的第一诉求。这些企业的人力资源部门希望快速明确前中后台各部门的人效标准（指标和目标值），并建立考核和后续的奖惩规则。

面对这种完全是"新增的"压力，业务部门自然怨声载道，于是，人力资源部门自然要提供一些人效赋能的方法。理解人效提升难度的HR深知，传统的选用育留可能作用有限，所以，迫切需要一些能够带来速赢效果的杀招。

在人效解码和人效赋能被频频提及的同时，几乎很少有企业会认为队伍规划很重要。它们质疑，在这个短期主义盛行的时代，投入时间去为人才队伍做规划，真的有意义吗？它们的想法很难被责怪，在过去的很长一段时间里，与队伍规划几乎可以画等号的人力资源规划，似乎只能为企业好上加好，却很难为它们力挽狂澜。换言之，企业业绩好的时候，做做人力资源规划，感觉会让人力资源工作更加正规化，挺有意义；但企业业绩不好的时候，做人力资源规划似乎就是在浪费时间和金钱，因为它根本带不来业绩的提升。

于是，人效管理就被简化为"人效解码+人效赋能"，面对老板提出的"本年人效提升30%"的要求，HR们一方面希望能够把考核压力传递下去，另一方面希望能够找到传统选用育留之外的

"特效药"。

但问题是，人效解码根本没有想象的那么简单，面对不同的前台业务单元，应该考核不同的人效指标。这些指标应该能够穿透生意的本质，引领业务单元去执行战略。那些用整体业绩除以整体人力资源投入得出的人效指标，是最初级的认知，这类粗放的计量方式大多数时候没有意义。在后面的章节里，我呈现了一个"穆胜人效矩阵2.0"的模型，尝试给出一个模板化的选择，读者会发现人效指标的世界精彩纷呈。

另外，人效赋能如果不跳出传统选用育留的思维局限，很难产生速赢的效果。那些包装成"特效药"的传统选用育留，在人效数据这个照妖镜面前，都会露出原形。在后面的章节里，我将给出一些经过穆胜咨询实践的人力资源职能创新方向，这些方向并非传统职能的小修小补，而是提出了几个趋势性的变革方向，相信对于企业打开思路、提升人效会更有作用。

我想，人效解码和人效赋能会在很大程度上回应关注人效管理的研究者和实践者的需求，但我真正想要传递的重点内容，其实是队伍规划。在我的人力资源经营价值链模型里，描述了"选用育留职能提升队伍状态，队伍状态推动人效增长"的传导机制。如果理解了这个传导机制，我们就会理解队伍状态这个中介变量的重要性。忽略了队伍状态这个中介变量，人力资源工作会变得简单粗暴且缺乏根基，根本无法对人效提升起作用。

疑问又回到了我在开头的描述，队伍规划如此重要，但对于业绩推动又有什么看得见的作用呢？这可能是我在人效管理领域的一个自我突破，我会尝试从宽口径、窄口径、双口径人效的角度给出队伍规划思路，并证明合理的队伍规划对人效甚至经营业绩的直接影响。

HR EFFICIENCY
AS A STRATEGY

第 五 章

前台业务单元的人效解码[一]

㊀ 本章主要内容发表于《哈佛商业评论》(中文版) 2023 年 3 月刊，原文标题为《人效矩阵 2.0：挖掘经营红利》。

人效解码，就是把集团整体的人效标准，分解到每个前台业务单元和中后台部门上，为它们分别确认合理的人效标准，包括精确的指标和目标值。这一定是 HR 们在人效管理中最为重视的工作，因为这类工作可以直接回应老板对于人效的关注，并以考核形式将压力进行转移。我们大可不必诟病这种思路，职能部门的主要功能之一就是制定各领域的考核标准。

但现实操作中，这种考核却陷入了"一刀切"的误区，即绝大多数企业用同一个指标和目标值考核所有前台业务单元。但各个业务单元的"生意"不同，真的能够"一刀切"吗？

人效解码，不应该只是用刚性的人效标准来压缩人员编制和减少人工成本，而应该强调为不同的生意合理布局"人力资源"这个生意中的核心筹码，追求更加有确定性的高增长。但若按照这个标准，不同的业务单元就应该有不同的人效指标和目标值，显然，真正做对了人效解码的企业的确是凤毛麟角。

我认为，真正的原因不在技术层面，而是企业对于人效概念的理解出现了偏差。只有穿透生意的本质，找到最合适的人效指标，才能实现科学的人效管理，才能以人效为支点推动经营。

人效解码的僵局

当前，各界对于人效的概念存在诸多误解，一些说法甚至认为"人效等于销售额除以人数"，颇为荒谬。我在 2017 年提出的"穆胜人力资源效能矩阵 1.0"（以下简称"穆胜人效矩阵 1.0"或"人效矩阵

1.0"）[○]，初步解答了人效的定义问题。人效是关于"人"的生意的投产比，包括两类要素：一是投入，主要以人工成本和人员编制两个口径来计量；二是产出，主要以财务指标和业务指标两个口径来计量。

因此，人效指标一共可以分为如图 5-1 所示的四类。

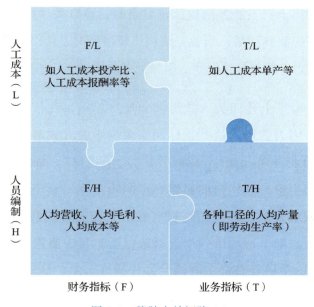

图 5-1　穆胜人效矩阵 1.0

资料来源：穆胜咨询。

○　该模型提出时间是 2017 年，当时，我已经将这个模型于若干次线下大型公开课授课中公布。2018 年 6 月 23 日，我在《中外管理》杂志举办的第 12 届中外管理人力资本发展论坛上发表了名为《人力资源战略地图：跨越人力资源动作到经营结果的彩虹桥》的主题演讲，正式公布了这一模型。之后，拙著《激发潜能》《创造高估值》中对该模型也有阐述。当时，该模型被称为"穆胜人力资源效能矩阵"，而后，我在《哈佛商业评论》（中文版）上发表的《人效矩阵 2.0：挖掘经营红利》一文中提出了新的人效矩阵，为表述方便，两代模型被分别简称为"穆胜人效矩阵 1.0"和"穆胜人效矩阵 2.0"。

我曾就四类人效指标的选择给出了方向性建议。

- 在投入上，建队思路未定时，应以关注人数为主，导向精英治企，跨分工边界灵活作战；建队思路确定后，应以关注人工成本为主，导向精准规模控制，避免组织臃肿。
- 在产出上，当业务结构比较复杂时，应以关注财务指标为主，以便把账算清楚；当业务结构比较清晰时，应以关注业务指标为主，以便更好地洞察、引导业务趋势。

尽管给出了上述四类人效指标和选择思路，我依然发现，大量企业并不会因为获得了这些指标而实现科学的人效解码。它们依然会为不同的业务单元集中选择一些"通用指标"，如人均营收。但面对不同的生意，这些指标显然有点隔靴搔痒，至于后续的人效管理工作，就更是难以开展。直观来看，老板们看到的只是HR们在原有工作的基础上增加了一个人效数据的汇报，有点换汤不换药的意思。

在"穆胜人效矩阵1.0"中，投入与产出两个维度上的不同要素选择的确解构了人效的基本概念，但也留下了数十个人效指标。这有点像一个"甜蜜的负担"，让习惯了非数据化工作的HR们惊喜，与此同时，也让他们陷入了艰难的选择。如果说HR们对于投入的理解还算到位，那么对于产出的理解就很难深入了。试问，有几个HR通晓财务报表呢？如此一来，几十个人效指标就可能让人迷惑。

尽管我已经给出了人效指标选择的方向性建议，但现实往往比我列举的情况复杂得多，大量企业的建队思路介于"未定"和"确定"之间，它们的业务也介于解"复杂"和"清晰"之间。要让 HR 们基于上述建议进行人效指标的选择，未免有点儿理想化了。

正因为上述原因，HR 们在实践中更喜欢选择人均营收这类通用指标，这是"打保险牌"的一种方式。但这类指标显然不能指导不同业务的人力资源配置，于是，人效指标成了一个"只能观摩，难以使用"的概念车。以至于一些"人效不用管""人效管不了"的"逃亡派""躺平派"声音在 HR 群体中此起彼伏，这类 HR 认为自己能创造人才成长、文化塑造等价值，但就是不愿意用人效来验证上述工作成果，极力把自己从人效的赛道上拉出去。

其实，这些走偏的观点的底层逻辑是一致的，都是在努力割裂人力资源配置和经营结果之间的直接关系。他们依然在留恋那种"人力抓人力，业务抓业务"的工业经济时代的组织逻辑，这本质上是对未知事物的恐惧和怯懦。

"人效矩阵 2.0" 应运而生

人效解码之所以陷入僵局，很大原因是人效指标缺乏穿透力。换句话说，当前的四类人效指标太过粗放，投入与产出之间并没有形成强力联系，自然会让人很容易割裂两者。进一步看，这些人效指标并没有穿透生意的本质，甚至根本就没有对标意义，自然难以启示企业去调整管理来推动经营。

例如，A 企业人均利润是 10 万元，B 企业人均利润是 20 万元，这并不能说明两家企业在效率上的差异，可能仅仅因为两者商业模式存在不同，前者是类似京东的自营模式，后者是类似阿里巴巴的平台模式。再如，C 企业人工成本报酬率是 200（倍，下同），即投入 1 元人工成本，就会产生 200 元的利润，但这并不意味着人工成本报酬率为 100 的 D 企业效率更低，可能仅仅因为 D 企业处于初生期，采用了薄利多销的拓客策略，优先追求营收而非利润。

上述例子足以说明，我们似乎还需要进一步纵深观察人效的组成要素。

第一个视角：从宽口径指标到窄口径指标。宽口径指标包含了整体的各个组成部分；窄口径指标则是最重要的那个组成部分。窄口径指标很大程度上决定了宽口径指标的走向，可以被视为宽口径指标的"内核部分"。宽口径指标相对迟钝，显示的是被其他部分干扰之后的结果；窄口径指标相对敏感，更容易看到整体的内核。例如，业务的窄口径指标是核心产品出货量等，宽口径指标则是全部产品的出货量等；再如，人员编制的窄口径指标是核心人才队伍的数量等，宽口径指标则是全部人员的数量等。

第二个视角：从滞后指标到超前指标。滞后指标是最终呈现的结果，即企业的"实得或实付"；超前指标则是这类结果出现的"先天条件"。超前指标很大程度上决定了滞后指标的表现，可以被视为决定滞后指标的基本面。当人们看到企业的滞后指标表现不佳时，可能就已经到了收拾残局的时候，因此必须前置性地控制超前指标。例如，财务的超前指标主要是营收，滞后指标主要是净利；再如，人工成本的超前指标体现为不受业绩影响的刚性支出的固定薪酬（全员的岗位工资，简称固薪）等形式，而滞后指标则体现为业绩达成后支付的浮动薪等形式。

按照上述思路，我们可以把"人效矩阵 1.0"中的人效指标分拆为四类（见图 5-2 中的四个象限），就演化成了"穆胜人效矩阵 2.0"或"人效矩阵 2.0"。每类人效指标中，分子分母都有明显的同一属性（四个象限之一），这决定了这类人效指标的功能。

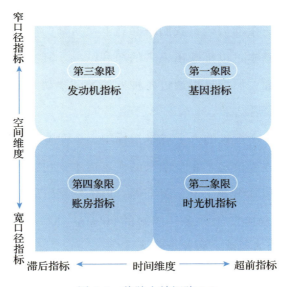

图 5-2　穆胜人效矩阵 2.0

资料来源：穆胜咨询。

第一象限：基因指标（超前－窄口径）。这类指标最为前瞻和敏感，最能指示业务整体的走向，好比个人的基因筛查，即使不检查各种器官，也能预知未来身体的可能。基因指标既是超前指标，也是窄口径指标，准确性明显改善。例如，在作为产出的财务指标中，核心业务的交易额是基因指标，它很大程度上揭示了企业未来的增长力。一方面，交易额不纠结于成本费用，更能直接说明产品对市场的渗透力；另一方面，核心业务的增长才是持续稳定的，而非核心业务很可能在竞争中被竞对挤出。

第二象限：时光机指标（超前－宽口径）。这类指标相对前瞻，以动力链的逻辑指示了某个要素的整体走向，好比如果有一台时光机，我们就可以在当下的时点看到未来。简单举例，"交易额→营收→毛利→净利"就是一个动力链，我们观察当下交易额的情况，按照行业通行的转化率，基本可以推断出未来的净利结果。其实，超前指标决定了要素的基本面，后期可以通过各种方法来调整动力链的转化率，获得企业想要的最后结果。

例如，在作为投入的人工成本指标中，企业宽口径固薪是时光机类指标，很大程度决定了企业未来的人工成本支付规模。因为，即使人工成本中还包括绩效工资、奖金等，但依然是以固薪作为参考值给出的。绩效工资应发额大多是固薪的 80% 左右，年终奖则按照几 S（salary，表示单月薪酬）的方式给出。

第三象限：发动机指标（滞后－窄口径）。这类指标相对敏感，以结构的逻辑指示了某个要素的未来走向，好比汽车的发动机这一核心部件很大程度决定了汽车的速度。窄口径指标的状态很大程度上影响了整体的其他部分。有了这个底气，企业就可以对各部分的比例进行调整，或者通过引导各部分之间的合理联动来获得自己想要的宽口径结果。

例如，在作为投入的人员编制指标中，企业核心人才队伍编制是发动机指标，很大程度决定了企业宽口径指标的人员编制规模，因为其他的人才队伍一定是围绕核心人才队伍，按照一定比例来配置的。

第四象限：账房指标（滞后－宽口径）。这类指标是最终结果，是目前大量老板和 HR 最喜欢使用的指标，因为算出来的经济账是最没有争议的。但这个指标只是一个"结果"，并不足以让我们对业务的状态进行判断，没有太大的决策参考价值。

"人效矩阵 2.0"的应用

实践中，企业应分两步进行人效指标的选择：

第一步——按照人效矩阵 1.0，在 F/L、T/L、F/H、T/H 四类人效指标中选择其一。

第二步——按照人效矩阵 2.0，在已选择的人效指标中再次进行四选一。

其中，选择的难点显然在第二步。我尝试建立了一个业务发展四阶段模型（见图 5-3），并用两个变量抽象出每个阶段的特征。图中，深色曲线代表竞争对手的数量，以理想营收规模来刻画；浅色曲线代表市场空间，以实际营收规模来刻画。当竞争对手的数量小于市场空间时，形成"红利区"，企业活得很舒适；当竞争对手的数量超过了市场空间时，形成"陷阱区"，企业遭遇惨烈竞争。

由此，我们可以为业务全生命周期的四个阶段进行人效指标选择，同时为人力资源配置思路给出建议。

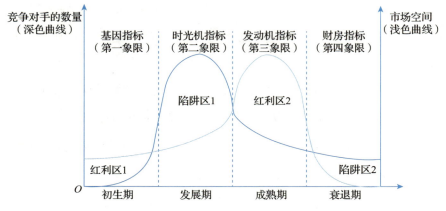

图 5-3　业务全生命周期的人效指标选择模型

资料来源：穆胜咨询。

1. 初生期

出现新兴的市场空间，却鲜有竞争对手进入，企业享受第一个红利区。此时，需要关注"基因指标"。一方面，企业不用过度关注自己赚多少钱，也不用过度关注自己在人力上投了多少钱，而是关注业务地盘和人员固薪等超前指标；另一方面，企业应该关注核心人才推动了多少核心业务这类窄口径指标，这种判断标准能确保业务的种子优良，并在日后茁壮成长。

不少风险投资（VC）机构都是在这个阶段进入企业的，但它们很容易忽视基因指标。例如，对于一家 B2C 的电商企业的人效，VC 往往关注"人工成本用户单产＝用户数/人工成本"，简单说，就是企业用了多少人工成本，撬动了多大的用户规模。大量 VC 尽管没有提及这个人效指标，但它们就是这个决策逻辑，这就犯了两个致命错误。

其一，这个阶段的用户数是极不可靠的数据，极大可能是在资本市场的诱导下用各种手段"大干快上"的结果，其中充斥着大量仅仅完成注册但并没有行动的休眠用户。真正应该关注的是长期在线且有多次复购的活跃用户数。越是关注用户数，越往上面砸资源，就越会收获大量休眠用户。其二，这个阶段的人工成本也是不可靠的数据，过于关注人工成本会造成企业"降维招聘"，即业务负责人会倾向用一样的钱招更多的人，做大自己的队伍（地盘）。但低水平的人无法推动活跃用户数增长，更有可能带来大量休眠用户。由于人数更多，每个人也看似承接了用户数的 KPI，这种情况会愈演愈烈，因为大家都要给公司"交代"。

2. 发展期

市场依然繁荣，竞争对手却闻风而动，海量涌入，市场开始出现第一个陷阱区。此时，需要关注"时光机指标"。一方面，市场依然在放量，以整齐、稳定的队伍来抢占地盘很重要，所以应该关注超前指标；另一方面，此时的市场依然是乱战，客户偏好并未稳定，甚至因为各个竞对的拉动开始出现变化，如果盲目关注某类窄口径业务和对应的核心人才，可能造成"漏球"。

例如，在 S2b2C⊖商业模式里，某企业通过赋能小 b 店铺（小型个体夫妻店），使其触达 C 端。它们原以为流量赋能是业务成功的关键，

⊖ 一种互联网商业模式，企业搭建平台，集中供应链资源赋能小型商户，并最终服务个人用户。其中，S 指 supply-chain，即供应链；b 指 business，此处特指小型商户；C 指 customer，即个人用户。后期，此类平台功能进一步升级，除了为小型商户提供供应链资源外，也提供流量赋能的服务。

最后却发现金融赋能才是 C 端的刚需。在这个摸索过程中，核心业务和对应的核心人才队伍迅速变化，如果过于关注窄口径人效，反而会造成人力资源的错误投放。一切变化在于，客户需求出现了变化，而在初生期，这种变化尚未出现。

3. 成熟期

市场空间放量到最大，但经过上一阶段的乱战后，只剩下少数寡头来分享大量的市场份额，市场开始出现第二个红利区。此时，需要关注"发动机指标"。一方面，经过了上一阶段的市场教育，客户偏好趋于稳定，所以要在竞争中脱颖而出，必须有核心人才支撑的强劲窄口径业务；另一方面，经过两个阶段拓展市场的努力，企业也到了必须收割的时候，应该关注实付和实得，算好经济账。除此之外，有危机感的企业也应该意识到"盛极必衰"，储备窄口径业务的竞争力和足够的"粮草"（钱），预备过冬。

某个能源解决方案提供商，通过在各地建设并运营发电设备来获得收益。它想要追求人效，却发现人力的投入很难控制，各个地方公司都以业务发展为由索要大量人力资源。此时，如果不明确核心业务，各个地方公司就会要求平均分配人力资源；另外，如果不明确"打粮食"（滞后指标）的要求，各个地方公司就会编造业务前景，骗取人力资源。两种力量加在一起，公司有再多的人力资源预算，也只会泥牛入海。直观来看，这家公司的人才队伍建设思路不够清晰，重点不够明确，在业务产出上也缺乏优势点，且"得势不得分"。

4. 衰退期

市场空间急剧萎缩，但寡头们还来不及退出，好比在即将沉没的小岛上抢占地盘，市场开始出现第二个陷阱区。此时，需要关注"账房指标"。说白了，在这种没有明天的市场里，不管采用何种业务形式，能赚到钱才是本事，如何收割最后一波并体面地退出才是关键。

生意是复杂的，以业务全生命周期来划分只是一种应用场景的举例。我相信，从产业类型、战略定位、核心竞争力导向等角度出发，也能解读出不同生意的特点和需求。但"人效矩阵2.0"的四类指标是固定的，无论从何种角度解读生意，我们都能在这个矩阵中找到匹配的人效指标，这就是驾驭生意的底气。

从本质上看，生意是由业务流、资金流和人才流组成的，以何种资金和人才投入去换取什么业务结果，就是企业家决策的本质，换言之，人效和财效就是企业家的核心决策。如本章开头所述，人效对财效又有明显的驱动作用，这显然应该是企业家更高层次的核心决策。

"人效矩阵 2.0"的实践案例

某企业依靠新商业模式打开了一个新兴市场，目前处于快速发展阶段。为了开疆扩土，它开始在尚未布局的城市裂变新公司——甲、乙、丙城市公司。简单来说，就是抽调干将，匹配人和财两类资源，希望迅速在新城市开展业务、扎根发展。但半年过去了，几个裂变公司并未拿出亮眼的成绩单，利润均为负。

如果以利润为标准，显然应该把几个项目都砍掉，但如果以人效为标准，我们可以发现不同的风景。考虑到这家企业的业务处于初生期，显然应该关注"基因指标"。

从产出（分子）看，企业对利润（滞后指标）的关注，应该转移到交易额（超前指标），而在所有的交易额中，更应该关注有高频复购可能的 A 类客户产生的交易额。这一步处理是希望能够剔除盈利中的波动性，发现"确定性产出"。

从投入（分母）看，企业对浮动薪人工成本（滞后指标）的关注，应该转移到固薪人工成本，而在固薪人工成本中，更应该关注服务 A 类客户的核心人才队伍的部分。这一步处理是希望能够剔除人工成本支出中的波动性，发现"刚性投入"。

如此一来，我们就可以发现一个基因指标：精锐部队精准拓客投产比 = A 类客户交易额 / 核心人才固薪人工成本。

按照这个指标，我们会发现几个城市公司真正的效率差异。甲城市公司的该项指标独占鳌头，达到了 10，甚至远远高于某些已经存续多年的成熟城市公司，如丁城市公司该项指标是 5，如表 5-1 所示。

表 5-1 某企业裂变城市公司人效分析（半年）

城市公司	总人工成本（万元）	核心人才固薪人工成本（万元）	总交易额（万元）	A类客户数量	A类客户交易额（万元）	A类客户单客交易额（万元）	滞后-宽口径人效指标	超前-窄口径人效指标
甲	100	30	500	50	300	10	5	10
乙	120	50	650	20	200	32.50	5.42	4
丙	125	60	700	15	250	46.67	5.60	4.17
丁（成熟）	200	100	1400	60	500	23.33	7	5

资料来源：穆胜咨询。

仔细分析可以发现，三个公司的经营思路完全不同。

甲城市公司是长期主义者，它按照集团战略导向，专注于铺市场，希望能够快速拓展 A 类客户，夯实经营基础。但由于这些 A 类客户与甲城市公司是初次打交道，最初成交的单客交易额都比较低，仅为 10 万元，它的总交易额数据自然没有优势。

乙和丙城市公司则是短期主义者，它们专注于利用关系拿大单，认为有几个大单当压舱石，自己才有利润来谋发展，也可以向集团交出亮眼的数据。但现实是，几个大单都是以惨烈的代价拿下的，不但利润微乎其微，而且除关系外并没有其他黏性。更重要是的，因为过于关注大单，这两家公司几乎没有把真正的 A 类客户经营起来。

在人力资源的投入上，甲城市公司针对 A 类客户进行了业务标准化，大大降低了对核心人才的依赖，因此将这部分固薪人工成本降至最低，让少量的核心人才尽量通过业绩拿奖金。乙和丙城市公司由于目标客群是一些零散的大单，它们很难进行业务标准化，自然要依赖大量的核心人才去不停填坑，不仅人数暴涨，还只能通过支付高额的固薪来吸引人、留人。

如果只看利润，三个裂变城市公司都应该被砍掉；如果只看账房指标，甲公司是最不应该留下的；但如果穿透到基因指标，甲公司就是毫无疑问的优秀种子，应该保留。

这才是人效分析，这才是值得关注的人效指标。

HR EFFICIENCY
AS A STRATEGY

第 六 章

中后台职能部门的效能解码⊖

⊖ 本章主要内容发表于《哈佛商业评论》(中文版) 2023 年 8 月刊，原文标题为《破除"中台化"误区，两大新原则考核中后台》。

我们可以把前台业务单元看作小型公司，从生意的角度找到它们的人效指标，但对于中后台职能部门来说，可能就需要另一种思路了。有意思的是，职能部门臃肿、守旧、反应迟钝已经是诸多企业的痛点，对它们进行改造并强调其效能也成了这些企业的自然选择。无论是人效解码的实践之需，还是企业组织升级的现实之难，都要求我们解答中后台职能部门的人效解码问题。本章，我们不妨跳出对人效指标的执着追求，在深度分析中后台运作机制后，让答案自然浮出水面。

在一般的认知里，不直接创造财务结果的部门被统称为职能部门。其中，供应链、生产、采购部门等成本中心一般被视为中台，而人力、财务、法务等费用中心一般被视为后台。

职能部门的两大定位是"制定/维护规则"和"输送资源"。在它们定义的各项游戏规则里，企业的各类资源沿着"后台→中台→前台"的路径被输送到市场。所以，职能部门的强弱很大程度上决定了企业的财务结果。

正是因为职能部门具有重要性，企业一直致力于提升其运作水平。近年来，关注的焦点放在了中台上，企业希望能将中台部门的资源打造为"中间件"，以便前台部门"随需调用"，从而为资源输送的路径提速，提升企业的整体战斗力。在这样的思路下，后台部门也被极度"中台化"，而未能被"中台化"部分的规模则被压缩到极致。

随着阿里巴巴对标芬兰游戏企业 Supercell 建立中台的故事越传越神，2018 年下半年，腾讯、京东、百度、美团等互联网巨头纷纷建立了自己的各类中台。这样的设想并不仅仅出现在互联网商业世界里。

早在2010年前，华为和中兴通讯两家巨头也提出了"一线主战，专业主建"的口号；几乎在同一时期，海尔在改造倒三角组织时，张瑞敏也要求作为中台的二级经营体将自己打造为"资源超市"。

但与美好预期相悖的是，中台的建设并没有带来更高的效率，反而在一定程度上造就了更大的官僚体系。于是，大量巨头的中台建设似乎都逐渐走向了沉寂，近年来，"拆中台"的声音更是不绝于耳。

现实是，仅仅将传统职能部门改称中台，并强调上述定位，并不会让其改变运作方式。企业只有通过考核牵引，才能让它们的立场和行动方式发生转变。考核什么呢？如果它们负责资源输送，自然逃不过效能的考核，人效显然是焦点所在。

战略解码式考核的陷阱

在所有老板心中，最理想的状态肯定是能考核中后台部门的经营价值。于是，有的企业尝试把中后台部门推到前台去打仗。这看似实现了"不养闲人"的效果，但显然是不合理的，企业模糊了分工，自然失去了效率。

这种尝试碰壁后，企业只能尝试为中后台部门寻找一种财务指标之外的替代考核载体。通行的做法是，将企业的整体经营目标（以财务指标形式体现）拆分为各个职能条线的专业要求，并以指标（可量化的）或里程碑（不可量化的）形式进行刻画。这种方式被称为"战略解码"，几乎是所有企业绕不过去的经营管理必答题。

在这种思路上，最典型的就是卡普兰和诺顿提出的平衡计分卡和后续出现的各类计分卡了。这些方法之所以能够将战略进行"解码"，原因在于，它建立了一条从企业内部组织到财务结果的价值链，每个职能条线几乎都能够在这个链条上找到自己的位置，并主张自己的贡献。例如，平衡计分卡主张的就是"学习与成长→内部运营→客户→财务"的价值链。

问题是，这种"战略解码"对中后台部门提出的专业要求并不能有效量化其贡献，反而导致了若干负面效果：

- 中后台部门"各管一段""闭门造车"。这类部门执着于自己眼中的"专业"，而且在这些"专业"领域为自己减负，事情越做越少，越做越虚，对前台部门的需求视而不见，支持大大缩减。
- 中后台部门"紧盯 KPI，管理一刀切"。这类部门为了保护自己的 KPI，要么不顾一线实际情况，以严苛到不切实际的标准来管控业务，要么向一线转嫁一切责任，极度施压前台。
- 中后台部门人力和财务两类预算无限膨胀。在没有压力的考核模式下，中后台部门不用为结果负责，反而因为接近管理层而拥有了索要资源（预算）的便利。于是，它们按照自己心中的专业来建设和运作部门，团队迅速膨胀，财务资源投入越来越多。

回到考核本身，战略解码也并不能精准衡量中后台部门的贡献。在我们的经验里，企业中后台部门和员工绩效考核优秀，但整体业绩不佳的案例比比皆是，战略显然没有被有效解码为中后台部门的专业要求。换言之，大多数企业的战略解码过程本身就是一个战略耗散的过程。

中后台部门考核的两大新原则

如果要跳出上述陷阱，就必须突破传统的战略解码逻辑，转而坚持以下两个原则。

原则1：坚守数学逻辑

其实，无论战略解码的过程如何科学严谨，没有与前台财务指标相关联的KPI都缺乏说服力，更像这些部门的自说自话。战略解码背后的价值链是成立的，但这种价值链更像一种"语文式"的陈述，受到个人演绎的影响太大。穆胜咨询的经验是，一个主持战略解码会的教练水平高低，几乎完全决定了战略解码成果的质量。

我们更希望出现的是对价值链的"数学式"刻画。如果企业对客户产生的终端价值来自内部一个个部门之间的协作，那么为什么这种价值的传递不能用环环相扣的数据来呈现呢？现实是，那些主张这种"数学式"刻画无法实现的企业，要么企业的经营管理不够标准规范，各部门之间的专业价值无法与财务结果相连，要么企业缺乏数据沉淀，没有发现数据规律。

以某些企业的市场部门为例，它对品牌影响力（曝光量）和流量转化为线索的效果（线索转化率）负责。考虑"营收增量＝曝光量×

线索转化率 × 购买转化率"的简单公式，如果企业确定了本年的营收增量，那么完全可以对市场部门提出曝光量和线索转化率的具体数据要求。

要相对精准地考核中后台部门，应该遵循的第一个原则是：

中后台部门的考核指标应该与前台的财务指标有精确的数学联动关系，而非粗糙的逻辑联动关系。

原则2：坚守效能定位

说到价值的传递，我们还应该在这一领域重新达成共识，即中后台部门究竟应该对前台传递什么价值？或者说，中后台部门创造的价值究竟是什么？

传统中后台部门喜欢强调自己的主要功能是"制定/维护规则"，因为这个定位容易执行，没有考核压力，还会放大自己的权力。但问题是，如果坚守这个定位，就会导致"一刀切"式的官僚主义。

例如，法务部门在审核合同时完全不以推动商事为目标，无限挑剔合同风险，并讲出若干恐怖故事，导致合同流程根本无法进行。再如，财务部门在审核预算时，要求极致的投产比和立竿见影的效果，导致业务部门只能主动放弃项目，资金无法投入经营。更严重的是，绝大多数老板没有意识到其中的问题，还以为这些中后台部门在为自己"守家业"，进一步激励了这些部门的畸形"人设"，导致企业严重的官僚化。

我们认为，为了让中后台部门实实在在地为前台提供"弹药"，应该主要考核其"输送资源"的效果。只有如此，掌握权力的中后台部门才会以经营资源为前提，考虑如何弹性地适配规则而不是用刚性政策"一刀切"，为前台找到经营空间。

要相对精准地考核中后台部门，应该遵循的第二个原则是：

中后台部门的考核指标应该以"输送资源"为核心定位，而非一味强调"坚守规则"。

原则 1 意味着要从前台的财务指标中以数学逻辑拆分出中后台的贡献，原则 2 则意味着应该明确中后台部门的资源运作方式并将其量化。两者结合不难发现，**中后台部门的考核就应该只有一个主题——效能**。这是中后台部门的结果指标，其他指标都是过程指标。没有结果指标，过程指标是空中楼阁，毫无意义。

中后台效能考核的两个视角

考核中后台曾经有过一个误区。例如稻盛和夫的"阿米巴经营"和海尔在 1999 年实施的"市场链"，这类模式让企业内部进行上下游交易，力图以"下道工序就是用户"的逻辑来传递市场压力。但由于上下游都只有一个角色，没有交易的替代者，所以价格根本议不清楚。而且，这种考核方式必然导致各个部门"各管一段"，无法"以市场为中心"或"以用户为中心"进行协作。

后来，又出现了另一个误区，即让这类中后台部门变小，让中后台部门的人更多进入前台。如此一来，前台变成了很多小经营单元，企业却因为"掏空"中后台部门而导致这些看似灵活的小经营单元失去了"重型火力"的支持，只能打点儿"小游击战"。另外，这种向前台极度授权的方式,还会导致管理上的失控。

前一种方式走偏了,而后一种方式则试图"绕过"中后台部门的考核。无论哪方式,都没有解决中后台部门经营价值的量化问题。而如果我们遵循前面的两个原则,应该不难发现,考核效能是最佳选择。

从图 6-1 中不难发现,企业的经营结果很大程度上是由中后台决定的。换句话说,前台能不能跑起来,中后台的水平(效能)是关键。这也反驳了很多老板希望通过为前台设置类似"包销提成"的激励模式来提升业绩的想法。业绩不是前台打出来的,而是前中后台协作出来的。

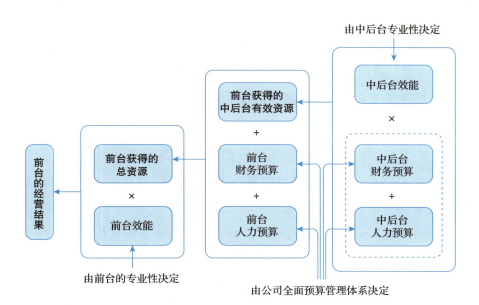

图 6-1 企业经营管理的逻辑图

资料来源:穆胜咨询。

考核中后台的效能也符合我们前文提到的两个原则：一方面，这些资源作为"弹药"进入了前台的作战体系，体现在终端产品里，自然与前台经营结果高度关联，符合"原则1"；另一方面，效能显然决定了"输送资源"的结果，符合"原则2"。

前台可以考核经营业绩，但也有必要考核效能，这样才能避免前台部门用"大资源"换"小业绩"，表面风风光光，实则表现不佳。关于这个原理，前一章已经说得很清楚了。中后台没有显性的经营业绩，只能考核效能，说穿了，它们的定位就是在坚守规则的红线的基础上，把资源尽量无损耗地输送到前台。

在两家资源量级没有明显区别的企业中，哪家企业中后台的效能更高，前台就更能打到粮食。这里，拼的是组织能力，我强调"效能是组织能力的最佳代言"，就是这个道理。

在第二章的生意的三流两效模型中，我们已经明确了，任何一门生意都是投入人力和财务两类资源追求结果，都可以用人效和财效来衡量。

如图6-2所示，要提升人效，就需要遵循人力资源经营价值链（人效价值链），即"选用育留职能→队伍（组织+人才）→人力资源效能"；要提升财效，则需要遵循职能经营价值链（财效价值链），即"业务职能→业务赛道→财务效能"。更有意思的是，两条价值链之间还有明显的协同性，由于企业的资源是以人为核心来流转的，营收、成本、费用等都是通过人来产生的，所以人效的提升可以显著撬动财效。当然，财效对人效也有一定的反馈作用。

事实上，人效和财效就像生意的任督二脉，打通两者，一门生意就可以豁然开朗。正因如此，我们也提倡中后台部门负责人从这两个视角思考部门工作，成为做生意的"小老板"。如果他们认可这个观点，人效和财效两条价值链交叠形成的指标体系，就可以牵引他们走向正确的方向，并量化这些部门的经营价值。

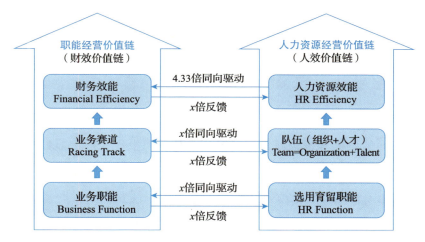

图 6-2　人效和财效的双价值链模型

资料来源：穆胜咨询。

例如，如果我们将中后台的研发部门想象为一个"研发外包公司"，那么对其效能的考核就应该是两类：一是人效，即投入多少研发和周边人员，或投入多少相应的人工成本，产生了多少收益（工作量、营收、利润等）；二是财效，即投入多少各类研发资源，分别产生了多少收益。两者交叠在一起，应该可以形成几个典型的效能指标，简单量化出研发部门"输送资源"的效果。当然，为了更加立体地实现这个方向的量化，企业可以将考核延伸到两条价值链上的驱动指标，形成一种类似"计分卡"的指标体系。

为了提升两类效能，研发部门负责人作为"小老板"，可以有多种经营选择：其一是短期思路，可以调整研发排期，在各个业务赛道重新配置资源，优先投入某个"性价比"更高的研发项目；其二是长期思路，可以押注大赛道，选择优先投入某个长期研发项目，以实现后期的价值井喷。

全面效能考核落地四步法

如果我们认可中后台部门应该考核效能，那么对企业的各类部门进行全面的效能考核也就没有了障碍。从逻辑上说，前台显然更应该考核财效。谈到这里，我们有必要讨论一个更贴近实践的话题——如何将效能考核落地为实操？

第一步，找到关键效能指标。

效能指标组内的指标存在联动关系：从宏观上说，人效指标对财效指标有明确的驱动作用。在前面的章节里，我们已经披露过穆胜咨询2020年的研究，在有互联网属性的企业里，人效每变动1个单位，财效同向变动4.33个单位。从微观上说，人效指标内部或财效指标内部也有明确的联动关系。总之，我们可以在效能指标之间形成因果链条，并找到最关键的效能指标，作为主考核指标。

其实，这一步就是在把每个部门（尤其是中后台部门）当作一家公司，来解构它们的生意逻辑。前台业务单元的经营属性自然不必多说，奇妙的是，如果你把一个中后台部门看作"公司"，就会发现它们在经营上的诸多规律，从而有可能找到支撑前台作战的关键效能指标。

第二步，找到关键效能指标的 MID（most important drivers，关键驱动因素），摸索出因果链。

这一步是把每个部门看作一家公司，开始深入业务细节，而不仅是停留在生意层面。只有基于业务逻辑的干预动作，才能提升效能；或者说，效能只是一个结果，只有在业务场景中考虑效能的价值链，才能溯源，找到 MID。

根据穆胜咨询的经验，每个部门的人效几乎都有巨大的提升空间。只要瞄准主要的业绩产出目标，投入适配的人和资源，高效能是必然的。换句话说，任何一个"打法"上的调整，都可以带来效能提升上的收获。

我们还是以几个中后台部门为例来论证这个观点。

举例来说，供应链部门可能因为调整建队思路，向若干前台业务单元派出业务伙伴，以获得更精准的一线需求，形成更精准的一线交付，从而提升供应链支持的效能。

再举个例子，研发部门可能因为调整研发排期，将资源优先投入某个"性价比"更高的研发项目，使得对前台业务单元的支持力度更大。当然，它也可能选择优先投入某个长期研发项目，以实现后期的价值井喷，同样可以对前台业务单元的支持力度很大。这里，就是一个生意视角的投资了，研发部门负责人如果做到这个水平，他就是一个"小老板"。

当然，一般水平的中后台部门在现有组织模式下都有各种限制，做到这几点调整并不容易，这既是挑战也是潜力。

第三步，将"效能指标 + 驱动因素"放入效能仪表盘（efficiency

dashboard），并设定基线（baseline）。

当我们找到了效能提升的因果链后，就可以将因果链上的每个指标抓取出来，再分配权重和计量方式，形成一个效能仪表盘[一]。当然，指标要能够得以应用，必须有 baseline。有了 baseline，才能判断指标的数值多少叫"高了"，多少叫"低了"，才能计量出指标的得分。这里，我们有必要对 baseline 设定的方法进行明确。

一是经营逆推法。设置 baseline，是为了确保这条以效能为终点的因果链能正常运转。所以，每个指标的 baseline 应该主要以下一环节的交付为标准。例如，为了达到公司的经营业绩，需要生产部门达到什么样的财效标准，这就形成了财效 baseline。再如，为了达到生产部门的财效 baseline，需要其达到什么样的人效标准，这就形成了人效 baseline。而后，每个驱动因素也可以推导出 baseline。

二是趋势外推法。在因果链逆推的基础上，还应该考虑部门的实际情况，有的部门现有水平较低，根本无法达到按照经营目标设定的 baseline。此时，就需要更换思路。

三是标杆基准法。考虑企业是在竞争环境中，基于经营目标逆推的效能 baseline 可能还要考虑对标竞争对手。这本身就是个难题，如果无法突破，可能会导致 baseline 不准。

第四步，根据效能仪表盘的结果，进行中后台部门激励。

最后一步最容易出错，必须提醒。前台的奖金分配方式相对简单，

[一] 拙著《人力资源效能》和《人效管理》对人力资源效能仪表盘（HR efficiency dashboard，HED）有详细描述，其原理是从人力资源经营价值链的三个环节提取指标，形成一个有权重分配的指标组，以便监控企业的人力资源效能状态和趋势。当我们根据职能经营价值链加入财务效能时，这个仪表盘就扩展为"效能仪表盘"。

从它们创造的经营价值中划定分成方式即可；但中后台的奖金分配方式就很容易掉入陷阱，在现实中，粗暴地划拨奖金，再简单地按照效能高低来分配的案例屡见不鲜。我们应该明确两点：

其一，中后台部门的奖金池不是预算划拨的，而是来自公司盈利（处于战略亏损期而盈利不佳的部门，可以考虑股票/股权增值收益、战略损益等计量口径）。奖金作为薪酬的重要部分，其源头应该还是来自前台经营单元打到的粮食。而形成中后台奖金池的方式，要么是映射，要么是嵌套、要么是互锁……这里有若干种技术处理方法。总之，中后台必须和前台目标一致，前台没有赚到钱，中后台表现再好也没用，不能鼓励大家"不在一条船上"。这一点，不少中后台的朋友可能会有异议，但如果你是老板，就根本不会出现异议。

其二，中后台部门之间的奖金分配，不应该僵化套用效能考核结果。由于各个中后台部门的效能指标不同，所以不能按照锦标赛的模式对贡献进行排名，并依次发放奖金。至于如何衡量贡献，效能结果肯定是重要因素，但不是全部因素，对于效能结果的使用，应该经过有技术含量的数据处理。

中后台效能考核的三个死结

运用上述四步法，效能考核真的能在企业内全面实施吗？现实中，前台效能考核远比中后台效能考核来得容易，原因不外乎以下三个。

一是前台业绩模糊。

对于中后台来说，虽然效能考核是考核，但激励却是远比考核更加复杂的事情。前面也谈到了，奖金池的划拨一定来自前台打到的粮食。不仅如此，如果不能量化前台的业绩，我们很难计算出它们使用了多少资源。所以，中后台的效能核算一定建立在核算前台经营业绩的基础上，否则这种"输送资源"的考核就又成了自说自话。

在穆胜咨询的方法论里，所有的业务都分为利润池和增长引擎，前者是赚钱的业务，有现实的经营价值；后者是未来的希望，有长远的战略价值。利润池也分一级、二级、三级，至于增长引擎，就更加复杂了。前台的业绩，既包括经营损益，也包括战略损益，是一种综合性结果。

现实情况是，几乎所有的企业对前台业绩的衡量都是模糊的，用利润考核一刀切是常态。本质上，这是源于战略的不清晰，老板没有想清楚自己要什么。不以战略为基础进行业绩计量，结果就是一笔糊涂账。前台业绩不清晰，中后台的考核自然就无法形成可验证的闭环。

二是中后台的业务流程非标准化。

如果中后台的业务流程是非标准化的，就很难计量它们的产出，自然也无法核算它们的效能。

我在授课时，几乎每次都会遇到一个相同的问题——"研发部门的效能如何考核？"至今，这个问题我已经听过几十遍了，我对这个问题的回答和学生们的反馈很能说明这个问题的难点所在。

我的回答是："研发是一个流程，每个节点都应该是一个研发门（gate）。正规的研发管理，要求了过 gate 的时间，而过了 gate 之后，产品也有定级，例如，过 gate 之前是 A 级，过了 gate 后，有可能就变成 S 级了。那么，基于'时间'和'定级'两个要素，我们就可以模拟出研发的价值点数。在此基础上，基于研发的人力和财务两类资源投入，就可以得出它们的效能。"

听到我的回复，几乎所有的学生都回答："我们的研发流程可没有这么严谨，都是研发人员自己在埋头做事。"

那么问题来了，这种混沌的研发状态是不是合理的呢？至少我视野里的优秀公司都有自己严谨的研发流程。有些企业，它们在每个 gate 上不仅评估产品级别，还评估产品的"预期 ROI（投产比）"。这复杂不复杂？太复杂了，但这就是这些企业的竞争力所在。

大量的企业之所以没有严谨的业务流程，并不是因为这是错的或不可能实现的，而是因为这个领域的负责人不愿意把业务流程标准化。至于为什么不愿意？一种可能是，他们的视野不够，习惯了凭手感，怕麻烦；另一种可能是，他们害怕标准化导致自己的权力被压缩。因此，他们会找各种理由来反对标准化，什么"流程太僵化""实际情况太复杂"都是他们的说辞。

三是考核指标效能化之后，缺乏 baseline，指标用不起来。

前面谈到了指标 baseline 的重要性，这虽然是个纯数学问题，但却是人效解码的关键一环，这里不妨再进行补充讲解。

在确定 baseline 上，最难的方法是标杆基准法。但这一步又绕不过去，因为不基于效能优势的经营业绩优势都只是泡沫。如何解决呢？

首先，这可能需要去市场上寻找对标的企业。不是说有同一种主营业务的企业就是对标企业，由于商业模式不同、战略打法不同、所处阶段不同……不一定适合用来对标。举例来说，阿里巴巴和京东都是做电商的，但它们一个是平台模式，一个是自营模式，能放在一起比吗？这种甄选需要技术。

其次，即使选出了合适的几个或某类对标企业，也要对它们的数据进行清洗，确保同口径比较。举例来说，某家企业通过"外包"实现了轻运营，另一家企业则依然是自己"一站到底"，那么，这两家企业的人效数据就不能直接比较。如果要比较，也必须把用外包的企业包出去的人员用算法"还原"回来，或者把"一站到底"企业的这部分人员用算法"剔除"出去。这种清洗自然需要技术。

最后，作为 baseline 的数字，极大可能不是来自某个标杆企业的数据，而是一个综合指数或动态基线。想想，难道找到五家对标企业，把它们的效能数据简单取个平均数就可以作为 baseline 吗？这里面依然需要技术。

附录中，我给出了一个处理行业标杆数据的思路（见附录 B），各位读者不妨参考。不仅如此，我们也可以基于泛行业数据来形成 baseline，我也给出了一些极具场景感的描述（见附录 C），在附录 C 里，各位可以读到一个思维敏捷的 HRD 是如何通过驾驭数据、形成 baseline，来推动老板决策的。当然，有的朋友可能更想使用行业数据来形成 baseline，我也尝试引入穆胜咨询的研究成果，提供了一种思路（见附录 D）。

HR EFFICIENCY
AS A STRATEGY

第 七 章

人效赋能的几种全新思路

大多数实践人效管理的企业在完成了"人效解码"后，都希望通过各种"人效赋能"手段直接实现人效提升。在老板们的朴素观念中，既然已经发现了问题，就应该能够通过选用育留的职能手段解决问题。但当他们雄心万丈地上马了若干人效赋能项目后，却发现人效依然没有显著提升，最终起作用的还是砍人、砍人工成本。

在一次穆胜咨询为某个企业主持的人力资源战略工作坊[○]上，HRD向我私下埋怨："穆老师，要挑我们人才队伍的问题，那可就太多了。另外，挑出了问题后，我们能做什么呢？以人才能力不足为例吧，能做的不就是淘汰、招人、培训吗？这种模板化的解决方案能有多大作用？说实话，我自己都没有信心。"

另一个相熟的大型企业HRVP告诉我："穆老师，我发现所有的业务问题最后都会找到我，理由是，事不行都是人不行。面对各种炮轰，我也能凭经验轻描淡写地应对，无非就是寻找外部优质人才、重用内部优质人才、强化人才激励、人才培养这类措施，但这种应对方式怎么看都是取巧，甚至让我有点失去了对专业的信心了。"

两位人力资源一把手可不是专业上的菜鸟，他们的表达代表了绝大多数HR甚至老板、高管、业务负责人的困惑。为了提升人效，我们固然可以找出人才队伍的问题，但面对这些问题，传统的选用育留职能手段真的有用吗？形象点儿说，人力资源专业拿着冷兵器时代（工业经济）的弓箭长矛，想要打热兵器时代（数字经济）的战争，的确有种深深的无力感。

在本章我并不想贩卖"特效药"，或是给出一些提升职能运作效率

○ 集中人力资源决策者，共同讨论人力资源战略战术的互动式会议（workshop），参加者包括老板、分管高管、人力资源部门负责人、主要业务负责人和人力资源骨干。

的小技巧，而是想要探讨人力资源职能运作的改革方向。

职能运作的结界

在《人力资源效能》一书里，我曾经提出可以挖掘的人效红利五大空间：精简组织构型冗余、清理人效异常洼地、执行低效人员汰换、调整刚性薪酬结构、提升人才培养效率。这些举措算是传统人力资源职能运作上的大胆作为了，某些领域也有大胆创新，应该能够在一定程度上起到人效提升的作用。

在《人效管理》一书里，我曾经提出在激励和赋能两个人力资源战略方向上的人效公式，即通过人力资源职能体系的整体运作来产生两类积极效果。这些举措把人力资源职能体系看作一个整体，尝试梳理了这个体系运作的规律。严格意义上说，它更像是"回归本质"而不是"突破创新"。但这些本质其实就是大量 HR 忽略的问题，解决了这些问题，队伍状态自然可以升级，人效自然可以得到提升。

也就是说，"穆胜人效三部曲"的前两部曲通过"外拓空间"和"内挖潜力"，尝试为选用育留职能开拓更多的可能性。根据我们收到的反馈，的确有不少企业按照上述方式推动了队伍升级，获得了人效提升。

但让我们遗憾的是，在相当一部分企业里，这些创新尝试依然很难深入落地，HR 对于队伍状态和人效水平的影响也相对不足。HR 们的理念和实践都有点儿过于墨守成规，他们始终难以逾越职能的传统。每当我与他们探讨一些可能性时，得到的绝大多数人的回答都是"您的想法很好，但在我们企业很难实施"。极少部分脑洞大开并马上行动的人,可能就是 HR 中凤毛麟角的极品了。以至于,我在夸奖某位 HR 水平很高时,喜欢说:"您看起来并不像一位 HR。"亮点来了,此时对方的表情像是得到了最高的称赞。想想,这对人力资源专业意味着什么?不得不说,在人力资源的专业领域似乎存在一个职能和生意之间(也可理解为管理和经营之间)的"结界"[1]。

我曾经提出一个"人力资源专业体系 house 模型[2](见图 7-1)",用以说明人力资源专业体系的基本构成和运作原理。人力资源专业的分工和选用育留等职能的运作,都能在这个模型中找到解释。

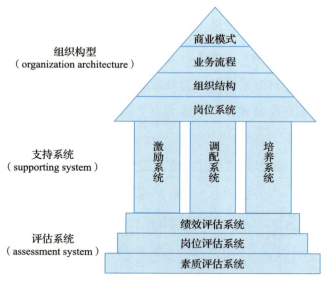

图 7-1　人力资源专业体系 house 模型

资料来源:穆胜咨询。

[1] 由梵语翻译而来,简单说就是运用某种超自然的力量形成的一个特殊空间,这个空间被称为"结界地"。
[2] 详见拙著《人力资源管理新逻辑》。

这个模型把人力资源专业分为三个部分：其一是组织构型，包括横向上的商业模式、纵向上的业务流程、整体上的组织结构和个体上的岗位系统；这四个维度决定了企业的分工，解决了要谁在哪里干什么的问题；其二是支持系统，包括激励、调配（招聘、淘汰、再配置）和培养系统，分别解决让员工有意愿干、有机会干、有能力干的问题；其三是评估系统，包括输入的素质评估、过程的岗位评估和输出的绩效评估，这些评估的结果是支持系统能够有的放矢的依据。

按理说，模型里的每个部分都相当专业，也能优化组织、提升人效。但在实际的运作中，预想中的专业工作却撞上了结界。这里，我尝试总结一下结界的类别。

一是组织开发的结界。

相当一部分 HR 不敢深入业务，自然欠缺对商业模式和业务流程的理解，这也影响了他们对组织结构的理解。所以，大多数企业很难由 HR 驱动组织结构的调整，HR 更多是执行老板关于组织调整的命令，对于组织如何调整的参考标准，更多是来自部门的工作负载、老板的授权意向、部门负责人能力强弱等，很难有前瞻性的、驱动生意的设计。

另外，人力资源专业默认的一个原则是要保持组织结构的"整齐"，即横向上的分工和纵向上的授权都严格按照一定的标准进行设计。理由也很简单，一旦破坏了这种结构，就容易带来后续激励、调配、培养工作的不确定性。

二是激励设计的结界。

激励设计主要由"绩效"和"薪酬"组成，大多数 HR 把精力放在了"薪酬"上,基本放弃了"绩效"。显然,"薪酬"工作是能算清楚的,但"绩效"工作是块难啃的骨头。如果缺乏对生意的理解,就难以将战略进行解码,难以考核不同岗位真正的贡献。

另外,对于"薪酬",HR 也极力将其限制在一个固化的架构内。"岗位工资+绩效工资+奖金+福利"是一般的模板,比例配置也有行规。其中,岗位工资显然占其中最大比例,也显然是与职级挂钩的;绩效工资也很大程度上由绩效工资的基数决定,同样是与职级挂钩的。在这种结构里,薪酬水平由职级决定,浮动薪部分相当有限,很难做出激励的创新。

三是人才调配的结界。

如果按照固定的岗位设置,仅仅使用在册员工,但企业的支付能力是有限的,必然存在人才短缺。即使某些企业发展迅猛,豪掷人工成本吸引人才,但企业局部依然可能存在人才短缺(事多人少)或人才溢出(人多事少)。除非频繁调整,否则很难实现人岗匹配。问题是,人事调整又不可能频繁进行。

不仅如此,按照固定的职级体系刻度选拔人才,永远存在人岗匹配的难题。说简单点儿,职级体系里的岗位是有限的,任职要求是固定的,而人的素质是千人千面的,所以很难将每个人分配到完全合适的岗位。有时候,员工能力提升了,但也不得不屈居低岗;另外一些时候,员工的能力不足,但也不得不让他居于高岗。

四是培训设计的结界。

培训设计的习惯是,永远想要以课堂教学来解决问题,而由于 HR 主导不了教学内容,只能主导教学形式。因此,培训负责人竭力通过大型培训项目来赢得关注和认同，另外，领导是否亲临现场甚至亲自授课，也成了判断培训工作优劣的标准。事实上，课堂教学的效率是非常有限的，而且这种效率还在不断下降。㊀

有没有想在教学内容上发挥主导作用的HR？有。在人力资源专业里，搭建课程体系，再让业务能手各自负责一个模块，其实是挺传统的操作，这还是在保持一种"整齐"。但业务能手有一万个理由拒绝输出知识，他们输出的知识体系也并不一定适合其他学员，另外，"会做"和"会教"是两回事。这里，显然需要HR来充当"翻译"，但他们缺乏对于业务的理解，又如何解构那些业务能手输出的原始知识呢？

五是人才评估的结界

当前的企业普遍缺乏成熟的人才评估手段。从难度上看，素质评估和绩效评估的难度最大，成本最高，岗位评估则相对简单，成本较低；从主导部门上看，岗位评估和绩效评估主要由业务部门主导，素质评估则主要由人力资源部主导㊁。在这样的背景下，HR自然会首先放弃费力不讨好的素质评估，当企业需要素质评估时，只需要外引测评机构来完成这项工作。对于岗位评估和绩效评估，人力资源部则更多地将自己定位于建立规则，提供工具，将主导权交给了业务部门。

㊀ 课堂教学的效率下降，一方面与员工越来越多地接受培训有关，可能产生了类似"抗药性"的效果；另一方面也与课堂教学的设计质量下降有关。

㊁ 因为人力资源部提供了相对标准的素质模型，业务部门必须在这个范围内运作；对于岗位评估和绩效评估，人力资源部提供的只是一个考核框架，具体考核什么，大部分还是由具体工作决定的。

但如果按照这种方式来操作,绝大多数企业都很难建立有效的绩效和岗位评估系统,相对于那些复杂的"表格",业务部门负责人更倾向于用自己的印象来打分。因为这样不仅操作方便,还能强化自己的权力。这也是大量企业的绩效考核等工作失控的原因,人力资源部被结界限制难以深入,业务部门则将其逐渐虚化。

第一个突破:业务化

之所以产生上述几类尴尬,人力资源部对业务的疏远是它被限制在结界内的主要原因之一。当前,随着"业财融合"的概念越来越被重视,"业人融合"也被频频提及。作为掌管资金流和人才流的部门,财务部和人力资源部同时被挑战是否跟上了业务流的进展。

正因为远离业务,HR 很难影响业务流程和商业模式,很难解码战略并引导绩效考核方向,很难合理调配人才,很难解构业务方法论,很难评估人才水平……

可以说,这种缺憾是人力资源专业当前的第一大缺憾,以至于不少企业在试用过多个人力资源一把手依然不满意后,直接从业务部门调来业务能手任职。老板的潜台词是,相比于让一个 HR 能手去学业务,还不如让一个业务能手来学 HR。我并不认同这种说法,但老板们的普遍认知就是如此。

要让 HR 理解并融入业务,可不仅仅是提几句口号那么简单,甚至不能寄希望于设置 HRBP 这类岗位。不少 HRBP 岗位设置后,只是等于把"人力资源分部"设到了业务部门里,HR 也并没有按照 BP 的方式来运作。

还有一种倾向是，当 HR 被要求"业人融合"时，他们开始越俎代庖地去参与业务，这也是非常危险的。大多数时候，HR 把自己代入为业务能手，认为自己看到了业务问题，但那其实并不是问题的本质。正如不少人围观某个生意时，总会认为做这个生意的人挺傻，其实人家哪有那么傻。人家要是傻就不会把生意做到这个程度了，他的难只是你对这门生意不了解，没有看见而已。不妨再把我的意思表达得明确一点，HR 可以去理解业务，但不能用业务方法去解决业务问题，因为那是他们的"客场"，只有人力资源方法才是他们的"主场"。

问题来了，当我提出这个要求时，HR 职能运作的结界再次显现，他们大多认为，人力资源方法不就是在人上做文章吗？难道只能回到"所有的事不行，都是人不行"的简单粗暴的结论？传统人力资源专业教育的影响太深远，让 HR 第一时间进入了那些选用育留的套路，忽略了一种"基于问题，解决问题"的思考模式，这让他们和老板、业务部门渐行渐远。根据我的观察，掌握了这种思考模式的 HR，基本都能得到重用，因为他们显得格外鹤立鸡群。

这里，我尝试把穆胜咨询实践验证过的"PHDM 商业计划书模型"进行分享（见图 7-2）：

- 战略定位（position）——企业在资源有限、时间有限、竞对给出的空间有限的情况下，只能选择有限目标，饱和攻击，期待能打穿打透。一定要杜绝既要、又要、也要、还要、更要的纠结。

- 人力准备（human readiness）——为了支持战略定位，HR进行的准备包括：一是确认组织分工是否合理；二是确认人才状态是否匹配。这实际上就是我们前面提到的队伍状态的盘点。
- 战略解码（decode）——基于战略定位提出的有限目标，基于人力准备，我们如何将战略目标分解到人身上，让事和人形成细致的一一对应。
- 激励赋能（incentive & empower mechanism）——基于事和人的匹配，我们如何提供激励和赋能的支持，让人有能力干且有意愿干。

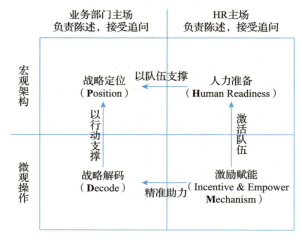

图 7-2　PHDM 商业计划书模型

资料来源：穆胜咨询。

PHDM 商业计划书模型就是一个商业计划书（business plan）的模

板，它几乎抽取了验证一门生意能否成功的主要因素，并将其串联为一个逻辑链条。①HR 服务业务部门的过程，就是不断用这个模型去寻找业务能手们逻辑漏洞的过程。而后，他们需要帮助业务团队做出二选一的抉择，要么重新聚焦战略定位或战略解码，要么增加投入，重新进行人力准备和激励赋能。

举例来说，某家企业定下了野心勃勃的全面占领市场的计划，但由于它的 HR 的数量和质量都远低于对手，组织设计也很笨重，它只能调整自己的目标，将"全面占领"调整为"局部占领"。占领哪个局部呢？这又要重新盘点对手，盘点自身，调配人力，以形成兵力优势。在这个发现逻辑漏洞到闭合逻辑漏洞的过程中，人力资源专业的价值才真正体现了出来。

在这四个要素中，战略定位和战略解码是业务部门的主场，而人力准备和激励赋能是 HR 的主场。与之前运作方式的不同点在于，HR 需要深度理解业务，并提供工具帮助业务部门负责人形成科学的战略定位和战略解码。需要注意的是，他们仅仅提供工具，通过教练式的"追问"来达到目标，而非直接给出业务答案。②这对于传统 HR 来说

---

① 战略定位相关的工具模型可以参见拙著《创造高估值：打造价值型互联网商业模式》；战略解码的工具模型我将另外出版专著；人力准备的工具模型可以参见本书前面章节的队伍状态盘点的内容；激励赋能的工具可以参考拙著《激发潜能》《平台型组织》《重构平台型组织》《人力资源效能》《人效管理》。

② 其实，这是我比较主张的教练方法，我曾在拙著《私董会 2.0》一书中详细论述。相较而言，我并不主张对领导力进行教练的教练方法，尽管这种方法可能受到大量 HR 的追捧。坦白讲，有丰富经验的 HR 都应该明白，领导力是很难塑造的，他们不会选择去改变一个人。

可能是个挑战，但没有对于业务的理解，没有这个参与的过程，他们根本不可能让人力资源工作产生价值。

当然，这里肯定存在大量博弈，业务部门负责人，包括老板作为公司这个"业务部门"的负责人，永远认为自己的战略定位和战略解码没有问题，但当 HR 将人力准备和激励赋能的现状在一定公开范围内（如业务部门的班子）呈现出来，再明确两个方面存在的差距时，上述的"二选一"就有很大可能发生。我们不能杜绝某些业务部门负责人看见差距后依然不愿选择的情况，但至少利用这种模型进行思考会让人理性很多。

此外，HR 在陈述人力准备和激励赋能的方案后，也需要接受业务部门的追问，他们也需要接受来自业务部门的教练式的辅导。这份商业计划书是否成立可不是由 HR 说了算。两个部门群体通过相互攻防，拉通全逻辑链条。

第二个突破：流动化

人力资源部对保持人力资源专业体系的"整齐"有一种异乎寻常的执着，无论是组织设计上、薪酬模板上，还是职级体系上等都是如此。这些整齐的操作被固化为人力资源专业的经典模型，被一代代 HR 沿用。这样的确方便了日常工作，但却容易让人力资源体系的功能受限，难以支持战略，推动经营。这也是大量 HR 挥舞模型，而老板和业务部门无感的原因。有的老板埋怨两句就算了，但有的老板还会发出灵魂拷问，这时的交流就很尴尬。

某次，我参加一个互联网企业的高管例会，HRD向领导班子提交了发放年终奖的方案，大概是按照部门绩效分大包，而后部门内按照个人绩效分小包，每个人的奖金体现为 n 个月的应发工资，n 在 1 到 5 之间，由绩效决定。高情商的说法是，这个方案比较"成熟"；低情商的说法是，这个方案比较"传统"。

老板似乎觉得哪里不对，直接发问："我们为什么要发放年终奖？"

HRD 不解地回答："为了奖励员工的贡献，让他们分享公司的收益。"

老板再问："哪些人应该分享收益？"

HRD 回答："员工多多少少都该分享吧，都是干活的人。"

老板摇摇头："干活的人我已经发过工资了，如果没有入司时的额外承诺，他们应得的钱就是工资。年终奖应该发给那些真正创造价值的人。"

HRD 再次不解："干活的人都在创造价值呀。"

老板有点儿无语："你们的分配方案里，好几个前台业务部门都没有达到经营目标，为什么还要分那么多钱？至于中后台职能部门，更是有很多因为效率低下多次被投诉，为什么还要分那么多钱？你让它们的分管领导打绩效分，还给了那么高的主观指标的权重，他们能不护犊子吗？再看部门内部，高绩效和低绩效的差异就体现在 2 个月左右的应发工资上，你这分配方式，是鼓励奋斗者，还是鼓励大锅饭？"

HRD 被逼急了，几乎是脱口而出："老板，人力资源管理就是这样操作的，这种薪酬发放方式是行规，就是市场行情呀！"

说到这里，我们就会发现，老板和 HRD 根本不在一个频道，不跳出那种执着于"整齐"的传统思路，人力资源专业一定会越来越多地被挑战，而且这种挑战还难以还击。

如何实现"流动化"？大家不妨回想我在第二章提出的以业务流、资金流和人才流来分析生意的思路。事实上，这是我在《人效管理》一书中完整阐述的模型（见图 7-3）。HR 要影响人效，就必须对人才流进行合理的组织设计，并为其配置激励流和知识流（推动赋能），让人有机会干，有意愿干，有能力干。

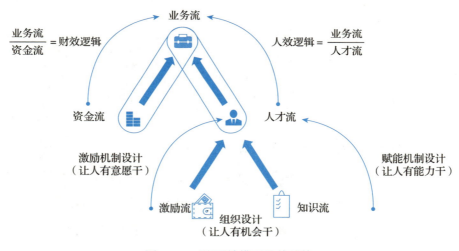

图 7-3　三流两效模型及其延伸

资料来源：穆胜咨询。

这个模型可不是对传统人力资源专业的阐述，而是贯穿了"流"的概念。说简单点儿，有什么样的业务预期，就应该配置什么样的人力和财务两类资源；有什么样的人才预期，就应该配置什么样的组织开发、激励机制和赋能机制。一切都从业务出发，将业务拆解为一份份价值输出，再反推资源配置。这与我们前面提出的经营单元模式是高度匹配的，经营单元正是打破传统科层制的体现，而激励和赋能自然应该发生相应的变化。

以激励机制来举例。极端地想，如果我们能够计量每个人的经营贡献，那么还应该以"岗位工资＋绩效工资＋奖金＋福利"的方式来为其付薪吗？一定不会，岗位工资和福利这类固定部分以及绩效工资的固定部分会被压缩到极致，大量的薪酬都成了与其经营贡献联动的浮动薪。

当然，现实可能没有那么理想化，但在激励机制的设计上，一定是越来越精细，越来越"流动"⊖。我们要求前台拆分为打粮食的经营单元，中后台人员以业务伙伴的形式进入经营单元。我们更要求将那些没有直接经营贡献的中后台，计量出其经营价值或模拟的经营价值；即使是不能计量出经营价值或模拟经营价值的中后台，也应该和经营单元的业绩产生映射、嵌套和互锁等关系。

人力资源专业如果走向流动化，会出现如下变化：

- 业务被切分到极致，变成多个跨越正式组织边界的经营单元，每个经营单元都有匹配的特定赛道，都能产生经营价值。
- 人力和财务资源也被拆分到极致，少数人掌握特定的财务资源，在小小的经营单元里对经营结果和效能负责。
- 经营单元的成员基于自己赛道的生意特征，被匹配精细的激励机制，他们的每份贡献都能得到公允的回报。

⊖ 详见《平台型组织》和《重构平台型组织》中关于"市场化激励"的部分。

- 经营单元的成员基于自己的工作场景，被匹配精细的方法论，他们每次冲锋陷阵都能得到赋能支持。

说白了，这种专业进化的趋势，要求 HR 拆业务、拆组织、拆激励、拆赋能，把一切都按照业务的视角从"整体"中拆出来，然后再让它们流动起来，相互匹配。假如某个赛道突然爆发，那么其经营单元也会灵活地纳入更多成员，其激励也会越来越有进攻性（如配置激励杠杆，放出更多的虚拟股进行分成），其赋能也会越来越有力（如设计专门的战术手册，指导其成员在某个领域的打法）。反之，如果某个赛道突然枯竭，那么经营单元会因为成员的离开而萎缩，激励和赋能也会大大衰减，企业在这个时候继续投入已经不划算了。总之，一切都要在流动中取得动态平衡，而 HR 是维持这种平衡的设计师。

说到这里，读者朋友可能已经注意到了，我建议 HR 进行的这种操作，实际上与 PHDM 商业计划书模型中的思路高度一致，只不过"流动化"强调的颗粒度更细而已。

第三个突破：市场化

过去，人力资源部有一种很强的"闭关意识"，通俗来说，就是只关注自己的一亩三分地，觉得做好了这些分内工作，就是尽职尽责。这里的讨论区别于远离业务，而是指墨守成规。

"墨守成规"也许会被美化为"传承经典"，人力资源专业正是被这样引导的。每隔一段时间，在人力资源专业的圈子里就会有若干新的概念或模型被提出，如新瓶装旧酒的 OKR、人才盘点等。但相对形式上的更新，内容上的进步可能乏善可陈。这种闭关自守让人力资源专业人士视野受限，很难产生真正的创新。

在工业经济时代，市场需求相对单一，强调企业进行标准化生产运作，人力资源部做好一亩三分地的后勤定位是合理的；但在数字时代，市场需求相对复杂，强调整合各类资源打造个性化产品，此时的人力资源部就应该有全新的定位。HR 如果没有一定的市场眼光，依然用过去的思维方式来看待现今的人力资源工作，就一定会继续"传承经典"。

这与我在辅导企业时，经常碰到的一些号称自己商业模式独一无二的老板的态度一样。遇到这样的老板时，我一般习惯问他："您到市场上看过没有，尤其是到国外看过没有？有没有相近的对标对象或竞争对手？"此时，有人会被触动，开始重新审视自己的视野是否太窄；但也有人依然坚持，认为"踏实做好自己的事就行了，不用关心别人"。后面一种态度就是闭关自守，在自己小小的舞台上"自娱自乐"，不少故步自封的 HR 就是这种态度。

永远记住，真正的创新一定来自一个真正开放的市场。所以，人力资源部要打开选用育留等职能运作的新局面，真正升级这些武器。人务资源部应该在以下四个方面对接市场。

一是人力资源要对接市场。

太阳微系统公司[一]创始人比尔·乔伊曾提出一个著名观点，被总结

[一] 该公司现已被甲骨文公司收购。

为"乔伊定律"——"无论你是谁,大多数最聪明的人都在为别人工作。"这意味着,企业应该找到一些获取这类企业外的聪明人的办法。比尔·乔伊提出了自己的推论:"更好的做法是创造一种生态,让世界上所有最聪明的人都在你的花园里为你的目标辛勤工作。如果只依靠自己的员工,你永远无法解决客户的所有需求。"无独有偶,唐·泰普斯科特在《维基经济学》一书中有一句名言——"世界就是我的研发部",他主张用一种"维基百科式协作"的方式来整合世界范围内的智慧。

所以,HR应该把人力资源专业的视野从"在册员工"转向"在线员工"。过去,企业缺乏人才时,HR就会投入招聘,一旦招不来人,整个工作就陷入了僵局。业务部门也有类似简单粗暴的判断,业务开展不顺,就推卸责任,怪HR招不来人。现在,HR应该学会用企业的资源杠杆撬动外部的人才,进入企业的生态。前面,我们举了一个风电企业纳入生态合作伙伴,充实风机维护人员队伍的例子,这就是一个典型案例。

这种在线合作的好处是,企业进可攻、退可守。但是,一旦建立长期的雇佣关系,企业就必须定期支出大量的固定薪酬,这也引发了员工激励的难题,会产生治理成本。就算企业选择结束合作关系,还需要支付大量离职成本。在不确定的年代,上述刚性支出结构是有极大风险的。当前,大量的企业采用外包、劳务派遣等灵活用工的形式,其实就是对这种风险的回应。

但仅仅回应风险是不够的,企业完全可以利用这种灵活用工的趋势来撬动更多的"在线员工"。就目前来看,灵活用工更多是在低端劳动力上，但外部的高端人力资源并不是不可能撬动，灵活用工也并非唯一的合作形式。HR应该清晰地盘点各类资源和合作形式，全面撬动各个层级的外部人才（见图7-4）。

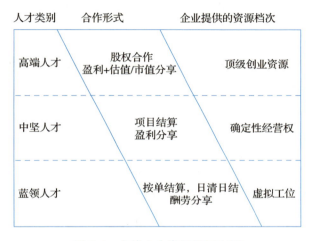

图7-4　在线人力资源拓展空间

资料来源：穆胜咨询。

二是激励机制要对接市场。

这是去除大企业病的内在需求，也是纳入在线员工的必然要求。简单来说，就是引入市场化激励机制，而非现在的大多数企业那样，发放近似完全固定的薪酬。业务复杂之后，激励也应该更加精细，更加趋向市场化。

我们应该承认，市场经济对每个玩家都有相对公允的回报。一个小摊的老板，在投入度上也能令人称道，他不会浪费自己的成本费用，而会千方百计地增加收入。他必须确保自己的每一个动作都有效，稍有懈怠，客户就会用手投票（减少购买）或用脚投票（选择离开）。试想,如果某家企业的员工都有这种投入度,那这个企业该多强大呀。

市场化激励机制的设计,就是要让"人人都是自己的CEO"。前面提到的股权合作、项目结算、按单结算、日清日结等,都是市场化激励机制的不同表现形式。HR越能应用这些激励机制来替换传统的薪酬安排,就越能让人才提升工作意愿,反映到数据上,就是我定义的人力资源资本化率(capitalization rate of human resource,CRH)的提升,即员工的利益与公司的利益进行了更大程度的绑定。

三是知识体系要对接市场。

华为的任正非有个说法,叫作"一杯咖啡吸收宇宙的能量"[⊖],他提倡以包括喝咖啡在内的各种形式进行对外交流,以便获得世界范围内的最新知识。他甚至开玩笑地埋怨华为的研发人员抠门,不愿意出喝咖啡的钱,认为他们这样会失去与世界先进水平同步的机会。

前面也谈到了,大量企业现有的人才培养依赖传统教学模式,效率相对低下。我也曾多次提出,人才培养应该走向知识管理,HR要打造能快速萃取、沉淀和分享知识的赋能机制。但这个观点可能只表达了一半,还应该要加上的是,这种知识的源头不应该来自企业内部,而应该来自外部。企业内循环的知识体系,看似热闹,其实必然走向没落。

回到华为的例子,为了践行任正非的"咖啡论",华为每年都有若干"洞察项目",在各个领域扫描最新的专家和方法论。某次,在对方为某个方向的"洞察"需求接触穆胜咨询时,我的同事问道:"这个内

⊖ 这个说法可追溯至2014年4月23日。在与上海研究所专家座谈会上,任正非发表了题为《一杯咖啡吸收宇宙的能量》的讲话。

容你们有迅速落地的需求吗？"对方回答："没有，我们的洞察不是以短期内应用为目的，我们就是要保持对最新知识的触感。"这种长期主义显然是值得很多企业学习的。

所以，HR要使用各种方式，确保企业知识体系与市场对接，并且要在对接过程中加速这种交流。如果这类工作足够有效，反映到数据上，就是我定义的人才密度的提升，即人才越来越多，人才的能力越来越强。

四是决策数据要对接市场，即建立人力资源情报系统。

提倡人力资源专业的市场化，就是要HR看到外部的世界，这其中最直接的一个需求，其实是建立人力资源情报系统。大量HR的假设是，人力资源是一个内部职能，只需要确保内部逻辑自洽，支持战略，因此没有必要去关注对手。他们最关注的情报，无非是竞争对手的薪酬水平。

但其实，这点儿情报是完全不够的。应该认识到，人力资源职能本身就可以形成企业的竞争优势。我提到过，任何一家企业都很难说自己的人才队伍能够全面压制竞争对手，只能追求田忌赛马式的压制效果。这就要求人力资源部对竞争对手的人效水平、核心人才队伍状况、激励机制、赋能机制等有一个全面的了解。这种需求看似很自然，HR们也一定会高呼必要，但能真正投入精力去做的寥寥无几。我们已经见证过十余次相同的场景了。想来道理也很简单，传统的职能运作模式并不需要这些信息，要"突破"就相当于给自己找事，谁愿意呢？

这一章里，我并没有为人力资源职能的运作带来太多的工具，更多的是一种突破的探讨。从三大突破中，我们不难发现内在逻辑的统一："业务化"后，人力资源职能以业务为中心，业务的复杂性要求"流动化"，而要真正实现"流动化"不能仅仅凭借组织内在的动力，死水流动不起来，因此还需要"市场化"。我相信，如果从这些突破里去思考选用育留，HR一定能发现更多精彩。

HR EFFICIENCY
AS A STRATEGY

第 八 章

宽口径人效下的队伍规划

当人效管理的实践者希望用简单犀利的人效赋能手段对接人效解码时，他们很快就会发现人效解码和人效赋能之间似乎缺乏联系。于是，雄心勃勃的尝试陷入了尴尬：人力资源专业又陷入了选用育留等常规工作，并未指向人效提升；而人效则成了一个让自己的专业显得数据化的汇报口径，并无牵引选用育留的意义。

原因在于，这种"人效解码→人效赋能"的逻辑过于简单粗暴，忽略了"队伍规划"的重要意义，留下了太多没有解答的问题。在人效解码之后，我们需要进入队伍规划的环节，即按照前台业务单元和中后台职能部门各自的人效标准配置人力资源，并将他们整合为更强大的战斗力。这个环节的设计，既会回应人效解码的需求，也会牵引选用育留等职能运作形成人效赋能。

让我们回到人效解码的环节。对于前台业务单元，我给出了"穆胜人效矩阵2.0"模型，帮助它们选择更能穿透生意的人效指标；而对于中后台职能部门，我也强烈建议把它们看作公司，让它们的产出更加贴近经营，这意味着，它们也适用"穆胜人效矩阵2.0"。

在"穆胜人效矩阵2.0"模型里，相对"超前-滞后"的时间维度，"窄口径-宽口径"的空间维度更加重要。因为，这个维度上关于人效指标的选择，决定了队伍规划的不同方向，也决定了后续选用育留职能动作的不同方向。

对于大多数关注人效管理的人来说，宽口径人效指标也许是他们更关注的。在经济寒冬之下，人被视为成本费用，自然成为降本增效的发力点。事实上，当前的大量人效管理，都是由"降本"驱动的。进一步看，在预算有限的情况下，如何在不同业务之间划拨人力预算，也在很大程度上决定了企业能否在不确定的年代获得确定性增长。一句话，在宽口径人效的标准下规划人力资源投入，是企业"活下去"，甚至"保增长"的底气，这必然是"战略级"的决策。

按理说，考虑"人力投入＝预期业绩／人效标准"的公式，有了经营计划确定的预期业绩，有了战略解码形成的人效标准，应该不难为各个业务单元计算出合理的人力投入（人力预算）。但问题是，现实中的企业很少按照这种逻辑来核定人力投入，为什么呢？这就涉及在不同业务上的权衡问题，换言之，企业即使用"穆胜人效矩阵2.0"为各个业务单元找到了人效指标，但要合理设定其目标值却很困难。设定高人效标准，意味着要少投入人力；设定低人效标准，意味着可以放水养鱼。对不同业务单元的定位和预期不同，设定的人效标准也会不同，这显然是业务战略需要解决的问题。

什么是业务战略？简单点儿理解，它决定了企业不同业务的取舍、缓急、轻重。也就是说，说清楚了业务战略，自然就有资源投放的思路。但现实情况是，受限于传统预算模式形成的组织死结，人力预算一直是按惯性发放的，且缺乏对其使用效率的考核。当人力预算的发放和考核都失控，它自然与战略没有任何关系。

毫无疑问，企业的传统预算模式存在问题，但就连老板高度重视的业务战略都无法打破这种传统，实现科学的人力预算吗？

业务战略不清

一个有意思的现象是，我们在通过咨询项目为企业进行队伍规划时，客户最初都认为这是一个单纯的人力资源或人效管理问题，但最后却都承认这很大程度上是一个业务战略问题。我们的一个服务案例，很好地说明了这种现象。

某集团为其旗下某子公司设置了三年内营收翻一番的业绩目标，但子公司过去三年营收的复合增长率不到20%，理想与现实之间显然有巨大的差距。而要达成这个狂野的目标，显然该子公司需要在业务战略上有"奇招"。

该子公司有四大业务：老牌业务A比较稳健，但增长乏力；老牌业务B属于惊喜类，单个订单体量喜人，但成单并不持续；新兴业务C增长喜人，但基础体量较小；新兴业务D属于行业大趋势，但同时又充满不确定性，发展超前有可能反而一无所获。该子公司有十余个区域公司，每个区域公司都同时经营四大业务，只是业务比重各有不同。

这家子公司的经营班子似乎并没有进行战略决策，没有寻找到"奇招"，于是，四大业务的组织结构、人员配置、编制划拨、人工成本划拨、激励政策……一切照旧。如果按照这样的趋势发展，该子公司的业绩增速显然不会发生变化。

但偏偏此时，经营班子突然对人效这一指标（具体指标是人均营收）提出了"提升30%"的要求，而且对于人力投入还要不增反降。经营班子的理由很简单——"现在经济下行压力加大，我们对人力资源的使用必须更加谨慎，要从内部挖掘红利"。人力资源部几乎崩溃，只能硬着头皮将这个指标"一刀切"地下放到区域公司，结果，自然是遭遇了区域公司的强烈反对，人效管理也成了一地鸡毛。

这个案例中，子公司经营班子对于战略犹豫不决，反而以"抓人效"为由，将业绩的重任甩锅给了人力资源部。这种方式似乎有点儿不负责任，但我们深入探究背后的原因，就会发现经营班子也是有苦难言。他们 CEO 的一段话，至今让我记忆犹新：

"穆老师，不是我不想选业务战略，但我也得对我们（子公司）的 KPI 负责呀。集团对于四类业务没有倾向，他们要的是整体经营结果。在经营结果上，他们既要营收，又要利润，还压了那么高的指标，这本来就不是一道能解的题。如果我出'奇招'，谁又能保证成功？稍微出问题，我们班子就会背锅。与其这样，还不如在原来的思路上发展，我们压压区域公司，让它们发发力嘛。"

原来如此，那么我们不妨再往上追溯，集团为什么不定业务战略呢？于是，我与一位集团层面的班子成员进行了深入交流。他同样给出了一段让我印象深刻的解释：

"穆老师，不是我们班子不想选业务战略，但我们也得对资本市场负责呀。资本市场哪有那么多长期主义的'价值投资者'，他们都是看整体经营结果。我们一定是既看营收，又看利润，还要求高指标嘛。我们接到的就是这道题，自然只能这样要求子公司。"

他的解释看似合情合理，但还是没有回答为何不选择业务战略的问题。按理说，如果有清晰的业务战略，应该能让业绩加速增长，这与要求经营业绩并不冲突，那为何对业务战略避而不谈呢？答案我们在前文已经讲过了，他们自己也没有想清楚战略，于是，只能提出一些方向性的情怀口号，并冠以战略之名（如跨越式发展战略、数字化战略、出海战略等）。

在这样的环境下，他们实际上是将战略选择的风险下沉了。

一是下沉给业务单元（子公司），希望它在业绩压力之下能够出"奇招"；二是下沉给人力资源部，希望它在业务单元承接业绩指标的同时，控制住资源的投入。但一方面，业务单元在这种"既要、又要、也要、还要、更要"的考核方式下，除非有十足的把握，否则很难去出"奇招"，更多会"躺平"。另一方面，如果把人力资源部单纯作为一个控制资源投入的部门，它一定会"一刀切"地把风险又下沉到业务单元。这样一来，业务单元就成了所有压力的焦点，它一定会对集团，更对人力资源部有诸多埋怨。

这样的僵局里，始作俑者是集团经营班子，问题的根源还在老板的认知上。真应了那句老话——"问题就在前三排，根源还在主席台"。人力资源部似乎被裹挟了，也是受害者，但它也的确没为解决问题起到正面作用。如果我们提高对人力资源部的要求，把它定义为"能够管理人效的经营部门"，那它显然应该对这个僵局负上一定责任。

为了打破这种僵局，在人效管理的项目中，我们不得不投入大量时间帮助企业梳理清楚自己的业务战略。具体方法将在本章后文详细展开，事实证明，借用宽口径人效管理的工具，的确是能够对业务战略的澄清起到关键作用的。

部门看重私利

除了业务战略不清形成的阻碍，部门看重私利也是宽口径人效下的队伍规划难以实施的重要原因。换言之，就算我们能够帮助企业说清楚业务的取舍、缓急、轻重，并把这种业务战略的思路变成人力资源的分配，也依然会有业务单元不认可这种分配思路，并试图博弈。

它们的理由很简单：一是强调自己业务的重要性，二是强调自己使用人力资源的必要性，三是强调横向之间资源分配的公平性。

客观来说，这三点都是很有力的武器，很难被驳倒。

其一，企业在划分业务单元时，一定会强调业务的重要战略意义，目的是形成不同赛道，且让这些赛道的负责人都感到被重视、看到希望。话说回来，哪个有情商的老板会说某项业务不重要呢？

其二，业务单元对于自身情况最了解，总部与它们天然存在信息不对称。因此，业务单元可以通过一系列精心组织的、有利于自己的信息来证明它们使用人力资源的必要性。很多场景栩栩如生，让人难以反驳。

其三，业务单元都渴望资源投入，有时，它们索要资源的理由并不是真的需要，而是"别人都有，为什么我没有"。当企业尝试说明资源投入需要区分取舍、缓急、轻重时，业务单元负责人基本都会产生强烈对抗情绪，有人甚至直接埋怨："都是公司的业务，难道还分亲生的和抱养的？"说到动情处，他们还会细数这些年来自己所在业务单元受的委屈，说得闻者伤心、听者流泪……其实，当他们说出类似的话时，他们谈的就不是道理，而是人情世故了。既然是人情世故，又如何能够驳倒他们呢？

除此之外，企业下发的人力资源分配政策（人效政策）还很有可能存在制度瑕疵，这就让业务单元更找到了抱怨的理由。这个瑕疵再小，在反对者的眼中，也可以被看作"十恶不赦"，于是，情绪被迅速点燃，制度被群起而攻之。

很多时候，企业并没有想清楚一个制度，就匆匆下发，理由是"先跑起来，再逐渐优化"。这是很不理性的，不仅会导致实施制度时的不必要成本，还会导致制度被纠正，破坏组织权威。不少企业其实是以"快速迭代"为名"朝令夕改"。它们既高估了自己的权威，也低估了人效政策这类制度的难度，更低估了业务单元的议价能力。

企业应该认清一个现实——业务单元没有理由去主动理解战略，并为战略牺牲。 当战略对它们有利时，它们选择理解战略；当战略对它们不利时，它们选择不理解战略。这是人性使然，很难被挑战。

最好的做法是把战略说清楚，让战略变成大家的共识，再以此为基础谈业务单元的资源分配。战略是理性的，资源分配是感性的，如果没有前者的理性作为基础，怎么分配资源都还是会让业务单元觉得"委屈"。而一旦有了战略作为基础，确立了合理分配人力资源的规则框架，就可以把双方的博弈限制在最小的范围内。甚至，一个接近完美、没有漏洞的规则框架，是可以近似消除博弈的，因为，在这种规则框架里，每个业务单元都能找到自己的位置，得到合理解释下的人力资源分配。说白了，就算业务单元负责人想博弈，也只能找到一些零星的理由，根本无法撼动制度的基石。

当然，这又回到了前一个话题。绝大多数情况下，业务单元之所以对人力资源的分配喋喋不休，还是因为对业务战略没有形成共识。或是业务战略在老板的脑子里，没有翻译出来，给大家讲清楚，赢得大家的认可；或是老板的脑子里就没有战略，而只有战略的意图。

在业务战略不清晰之外，还有一个更让人忧心的可能——中国企业的大多数老板其实愿意谈感性，不愿意谈理性，他们喜欢在感性的人情世故里享受使用权力的感觉。说个大白话，当规则不清晰时，下属就更愿意向自己靠拢。这就是一个管理哲学的选择问题了，我个人不赞成这种做法，当然，我充分理解他们的这种选择。需要提醒的是，一旦老板有这种倾向，即使有再清晰的业务战略，也无法形成清晰的人力资源分配规则。在这种组织里，规则本来就是个笑话。

业务分类管理

业务战略不清，部门看重私利，让所有人都在没有规则的空间里博弈，人力资源的分配最终不可能合理，只能沿着去年的预算逻辑分配，宽口径人效自然失控。此时，老板们才会发现年初大手一挥定下的"人效提升30%"的目标有多可笑。一番折腾，留下的只是人力资源部门缩编、裁人、削减人工成本后的一地鸡毛。

不仅如此，这种不合理的人力资源分配更让企业丧失了宝贵的市场机会，老板在战略上的宏图大志只能偃旗息鼓。

遭遇这些尴尬，老板们一是会抱怨业务单元负责人悟性太差，看不到自己指出的战略方向；二是会抱怨他们太过自私，没有大局意识。但这种抱怨是没有意义的，人性如此，哪里都是一样。与其期待出现十全十美的下属，不如设计好制度。

我们应该思考的是，如何让业务战略变得清晰以形成规则框架，并让业务单元在规则框架里获得合理的人力资源配置。**这个框架，就是我们所谓的"业务分类矩阵"**。直观来看，就是通过两个以上的维度，把企业的业务分为几类。没有分类，就没有管理，分类的目的是明确业务定位，以便后续有针对性地进行管理。可千万别小看了这一步的工作，这一步清晰地刻画了企业的业务战略，反过来说，缺乏业务战略思路的企业，做不出业务分类矩阵。

有了业务分类矩阵，还需要为矩阵内不同类型的业务分别设置宽口径人效的管理措施。管理措施又主要分为两个方面：其一，人力资源投入应该增加还是减少；其二，人效标准应该收紧还是放松。两个方面都在很大程度上决定了企业在该业务上的姿势是进攻还是防守。

这里，简单举一个例子。

某企业下辖十余个区域公司，通过潜力和实力两个维度形成了业务分类矩阵（见图8-1）⊖，其中，潜力用未来三年的区域市场空间来刻画，而实力则用当前的市场份额（市占率）来刻画。

⊖ 该企业通过区域公司开展业务，因此，这里用矩阵对区域公司进行了分类。业务分类矩阵是比较通用的叫法。

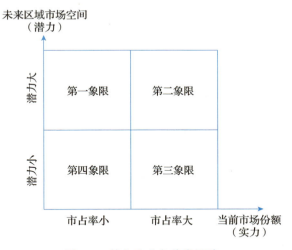

图 8-1　某企业业务分类矩阵

资料来源：穆胜咨询。

基于这个分类矩阵，经营班子很快对两类区域公司达成了宽口径人效管理措施上的共识。

对于第四象限的区域公司，采用防守姿态，即减少人力资源投入，且小幅收紧人效标准。理由是，当地市场本来就没有前景，且区域公司实力有限，过度的人力资源投入并不能带来理想的产出，前途未卜，与其如此，还不如精打细算过日子。

对于第二象限的区域公司，应该采用进攻姿态，即增加人力资源投入，且小幅放松人效标准。理由是，当地市场前景广阔，且区域公司实力强劲，不仅是公司业绩的压舱石，在人力资源投入上也更有确定性的投产比，因此，应该坚决投入。但考虑区域公司已经成熟，正处于高歌猛进的阶段，人效本来应该是有上升空间的，所以，平衡之下，只能小幅地放松人效标准，适度容忍在人力上的浪费。

经营班子的分歧出现在第一象限和第三象限的两类区域公司上。我提出了一个问题——"如果考虑人力资源预算有限，两类区域公司⊖中，我们应该优先保障哪一类？"

经营班子里的激进派选择第一象限，他们认为，这类区域公司尽管实力在当地不占优势，但市场潜力巨大，只要投入人力资源，就有很大机会分到市场增量的"大蛋糕"。而经营班子里的稳健派选择第三象限，他们认为，这类区域尽管潜力不大，但区域公司实力强劲，只要投入人力资源，就能收获确定性回报。

哪一派的观点是对的？这个要看环境因素。

如果市场处于红利期，应该支持激进派，因为增量巨大，见者有份，不容错过；如果市场是紧缩期，应该支持稳健派，因为增量有限，不一定属于弱者。如果明确了这个逻辑，影响宽口径人效决策的关键就变成了对市场趋势的预测。如此一来，业务战略的思路似乎是越来越清晰了。

我要展示的，正是上述案例的效果，即把业务战略转化为业务分类矩阵，并进一步转化为不同的宽口径人效管理措施。这些分类和措施，可比虚无缥缈的战略口号来得实在，这才是业务战略的具象化。

当然，区分业务的标签林林总总，业务分类矩阵自然也有很多种，具体还得根据企业的业务战略来推导，上面案例里的矩阵只是一个最通用的而已。选择业务分类矩阵的基本原则有两个：

⊖ 该企业通过区域公司开展业务，因此，这里用矩阵对区域公司进行了分类。业务分类矩阵是比较通用的叫法。

- 原则1——能够通过这个模型，让大家对企业的业务类型豁然开朗，并隐约看到不同类型业务的发展定位。
- 原则2——这个模型的分类，能最大限度地反映企业的业务战略思路，即不同业务的取舍、缓急、轻重。

实际操作中，企业不仅需要解答业务分类的难题，还需要解决老板在人力资源投放上的纠结。还原一下这个场景吧，即使我们做出了业务分类矩阵，但老板们依然不愿区分业务的取舍、缓急、轻重，依然习惯"既要、又要、也要、还要、更要"，他们几乎想要对每类业务（每个象限）都增加人力资源投入，放松人效标准。问题是，哪有这么多的人力资源预算呢？

我要求他们遵循"人力资源预算守恒原则"：一个象限要增加人力资源投入，另一个象限就要减少人力资源投入；一个象限要放松人效标准，另一个象限就要收紧人效标准；一个象限要关注超前指标，另一个象限就要关注滞后指标。㊀

人力资源预算的分配分为三次：

- 定量分配（第一次）——在第一次分配里，人力资源预算是不能增加的，应该以上一年度的人力资源预算封顶，来规划投入思路。
- 变量分配（第二次）——在第二次的分配里，我们可以在第一次分配思路的基础上，将本年的人力资源预算"增量"或"减

㊀ 如果大家都天马行空地强调业务前景，就没有人为利润等滞后指标负责了。

量"附加上去，进一步强化基于业务战略的人力资源分配思路。

- **增量分配（第三次）**——在第三次的分配里，我们可以再为老板增核一个"增量"，因为他们通常会觉得某类业务有遗憾，没有打穿打透。此时，要他们放弃这个想法是很难的，不如增核一部分人力资源，让他们完成试错。其实，即使这样会让人力资源预算略有超支，也在很大程度上控制住了总量，远比让老板天马行空来得更好。

我必须要提醒的是，一定不能为了简化程序，把三次分配压缩，因为每一次分配都有其意义，三次的叠加才能得到各方平衡的结果，才能让业务战略的思路真正落地。

人效解码的未竟之事

以上内容已经很清晰地呈现了宽口径人效下进行队伍规划的重要性。相对人效解码的环节里为前台业务单元和中后台职能部门定人效指标和目标值（baseline），这一步显然和业务战略的联系更紧密，更能让人力资源的工作产生价值，应该是 HR 推动经营的主战场。

严格意义上说，这一步应该在人效解码的环节里解决。将整体人效标准拆解到每个部门，不就是要将人力资源投入拆解到每个部门吗？这不就是宽口径的队伍规划（宽口径人效下的队伍规划）？以穆胜咨询的实践经验，我可以很确定地告诉各位，肯定"拆不出来，拆不科学"。

人效指标是相对更好确认的，只要各个部门的"生意"不变，这个指标就不会有太大的变化，理性的企业并不太会错判。但人效指标的目标值却需要明确业务战略后才能确认。**而在人效解码的环节，"贪婪的"老板很少会思考各类业务的取舍、缓急、轻重，他们更多将人效看作一个"效率"而非"战略"级别的事情。**言下之意，"企业现在效率本来就不高，每个部门提效 30% 能有多难"？读者还真别发笑，这就是我们在企业里遇到的真实案例。

老板的判断对不对？也对也不对。

说对，是指"企业效率不高"的判断。在传统组织模式下企业的各类浪费，的确让人触目惊心，本书第十一章的最后我也会呈现一些例证。说不对，是指"提效 30% 能有多难"的判断。如果真有那么简单，企业早就做到了，之所以没做到，就是因为很难嘛。

在这个对也不对的判断下，HR 们被动陷入了拆解数字的无解游戏中，即使解决了人效指标的科学性问题，但对于目标值，他们拆下去的数字也本来就很荒谬。偏偏在这种荒谬的设定中，他们还希望用选用育留的赋能手段来找补。结果自然可想而知。

在实践中，我们多次领略过这种暴力解码后的鸡飞狗跳。此时，面对狂怒的被考核部门，HR 们只能无奈地解释"老板有要求"，有预算的，还会引入咨询公司来接盘，要求其签订承诺人效提升的对赌合同。⊖ 人效提升是综合作用的结果，选用育留的职能手段没那么神奇，

⊖ 很多甲方没有理解的是，成熟的咨询公司只提供交付，不可能承诺业绩，即使有承诺，那也一定是骗人的。道理很简单，它们如果有那个本事，应该去从事金融，这才是有了这个本事后杠杆效应最高的行业。甲方应该理性判断自己的需求，再引入咨询公司的方案，并对方案的交付要点提出要求，至于结果，咨询公司没有操盘，是难以承诺的，它们只能确保方案是成熟合理的。

遥控器又不全在咨询公司手上，它们如何承诺呢？

某次，我开玩笑说："可以承诺呀，你们给我权限随意裁人、随意降薪，我就可以承诺。"对方笑了："这事我们也可以做呀，何必把您请过来。"说到这里，我们都笑了。我相信他们也明白我的意思了——这种暴力解码下，要完成老板"人效提升30%"的这类要求，只能采用同样暴力的手段——裁员降薪，这样显然是乱上添乱。所以，在人效解码环节确定的人效目标值多半没用，目标值会被高高举起，但考核可以轻轻放下。

老板不想在人效解码的环节思考业务战略，这就是问题的根源！

为什么不思考业务战略？因为老板们不想改变，因为变革总是让人不适。他们希望在每个部门压榨出效率空间，但不希望改变资源投放的格局。但问题是，这种改良的思路很难抵御预算的惯性，也很难对抗部门种种索要资源的需求。不基于业务战略来重新矫正人力资源投放的坐标，即使强行解码了人效标准，也一样没用。

也有人提出，过去大家都不重视人效，现在先让大家在考核重压下争取高人效，不管最终能不能实施硬碰硬的考核，都是一种进步呀。但稍微懂点儿考核的人都知道，设定的目标应该是"跳起来摸得着"。这是难以完成的目标，表面上看是"取法乎上"，但实际上却损伤了目标的权威性，进而损伤了公司的权威性。

所以，要进行宽口径人效的队伍规划，还是要回到对于业务战略的澄清上。在人效解码里未竟之事，在队伍规划的环节来突破，也算为时不晚。在人效解码环节，老板们大可以将提效的要求统一下压到各部门，以便传递寒气[○]；但在队伍规划环节，他们却必须说清楚人力资源的投放孰轻孰重的问题，说清楚业务战略。另外，以队伍规划为标准来倒逼业务战略的好处是，不合格的业务战略逻辑混乱，根本映射不出对于人力资源的明确要求，[○]不可能引导出合理的人力资源投放思路。

我说过，本书会揭示人效管理对于业务战略的重要意义，读到这里，是不是越来越有共鸣了？

○ 2022年，华为创始人任正非在华为内部发表了一篇名为《整个公司的经营方针要从追求规模转向追求利润和现金流》的文章，盘点了华为面临的严峻经营环境，并提到"把活下来作为最主要纲领，边缘业务全线收缩和关闭，把寒气传递给每个人"。这篇文章在企业界广为流传，传递寒气也成了一种约定俗成的说法。

○ 这类企业对于人才常常会有不切实际、空洞的要求，如"一个人活成一个团队""一专多能""无限补位"等。

HR EFFICIENCY
AS A STRATEGY

第 九 章

窄口径人效下的队伍规划

相对于对宽口径人效的重视，绝大多数企业忽略了窄口径人效（核心人效）。它们以为，明确了前台业务单元，甚至中后台职能部门各自的人力资源投放"量级"，就已经解决了人效管理的大部分问题。但问题是，"量级"的背后是"结构"，如果没有明确某个业务单元的人力资源结构，仅仅核定一个投入总量，就会在很大程度上失去对于产出的控制，人效水平自然会坠落。

这其实正是当下人力资源专业尴尬的现状：老板们将人力资源问题简单化，要么陷入了人力资源投入总量的纠结，极端地认为"人多力量大""多投人，把业务打穿打透"或"人多太浪费"；要么陷入了对于个体人才的关注，认为"能人解决一切问题"；对于如何基于核心人才形成协作链条、搭配周边人力配置、形成队伍的整体战斗力，反而兴趣不大。

但事实上，就是这个最被忽略的环节，却在很大程度上决定了企业的人力资源战略，进而决定了企业的业务战略。如果说我们在为不同业务单元设置宽口径人效标准的过程中已经初步解构了业务战略并进行了队伍规划，那么，我们在为不同业务单元设置窄口径人效标准时，才算是真正把对于业务战略的理解推到了一定深度，此时的队伍规划才更具含金量。

核心人效的战略意义

在我"穆胜人效三部曲"的第二部《人效管理》中，我曾经对核心人效进行过深入分析，认为这个指标确定了企业的人力资源战略。

当时的逻辑是：第一步，确定企业某项业务的北极星指标（产出）；第二步，再找出推动这个指标的核心人才仓（投入），完成这两步，就定下了这项业务最重要的"核心人效"（投产比）；第三步，再确定一定时期内最能有效地推动核心人效增长的选用育留等职能手段，而这些手段的聚类，就成了企业的"人力资源战略"，说得更通俗点儿，就是企业在一段时间内在人力资源专业上一以贯之的打法。

而对于"人力资源战略"，我也给出了"人力资源战略罗盘"这个工具模型（见图9-1），包括了在两个维度上进行的人力资源战略选择：其一是，动组织还是动人才；其二是，主做激励还是主做赋能。基于这两个维度的决策，企业实际上可以在四类人力资源战略中任选其一。

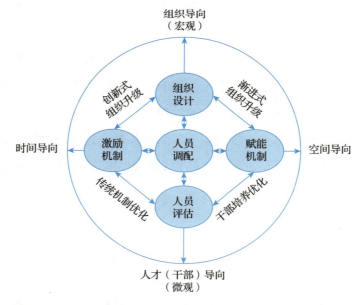

图9-1 人力资源战略罗盘

资料来源：穆胜咨询。

我当时的想法是，一定要让 HR 们脱离传统四面出击、纠缠细节的事务性工作，真正找到自己创造经营价值的工作主线。事实上，"战略性人力资源管理"的提法由来已久，但又有几个企业真正提出并坚守过自己的人力资源战略？如果不能坚守自己的人力资源战略，又如何能够精准承接业务战略、创造经营价值呢？我们的方法显然可以很大程度上让 HR 们走出这类尴尬境地。

但在实践中，我们却发现了另一个陷阱。尽管我们拼命通过核心人效这个起点，让企业就它们的人力资源战略达成共识，HR 们还是容易掉入选用育留的具体事务中，无非是工作更加聚焦了，但对于真正要抵达的核心人效，却并未给予太多关注。在我们的设想里，HR 们投放和塑造核心人才仓的动作，犹如舵手驱动轮船前行，但 HR 们做着做着却又把自己做成了传统后勤。一种解释是，他们害怕要背负人效这个数据指标；更多的可能是，仅仅锚定人力资源战略，对他们工作方式的变革依然不够彻底。

既然选用育留只是工具，不是目的，我们为什么还要执着于此、本末倒置呢？企业要落地战略，需要的不是选用育留，而是核心人效。管理宽口径人效关注如何在各部门投放人力资源；而管理核心人效则关注如何投放核心人才仓来推动北极星指标提升，显然更具战略意义。所以，**核心人效的更大意义不是被用来确定人力资源战略，管理核心人效就是业务战略本身。**

说得再清晰一点儿，我们希望数字时代的 HR 不要去关注自己有没有完成选用育留的具体动作，而要坚信自己能够影响核心人才队伍的状态，要坚信自己能够通过这些动作推动北极星指标的提升。如果只有一个目标，那他们应该紧盯核心人效；如果考虑核心人才的产出只是自然而然的结果，他们可以把核心人效这个目标进一步收缩，紧盯核心人才队伍的状态。

问题是，人力资源专业一直没有给予 HR 们评估"队伍状态"的工具，传统盘点方式无非是计量员工学历、技能、工作经验等指标，显然无法给出我们想要的量化结果。缺乏"队伍状态"这个中介变量，HR 只能默认选用育留等"职能运作"必然能对业绩产生影响。这才有了类似"人是企业的第一资源"这样的油腻说辞。人的确是第一资源，但人力资源部不见得是第一部门，很多时候，在人力资源部强调自己的贡献时，还会遭遇其他部门的反驳——"往海里撒了一勺盐，就说是自己把海水弄咸的"。

在第三章中，我们也强调了为了实现人效持续提升，必须要关注队伍状态，并进行精准的队伍规划。精准的前提是数据化，我们必须要找到衡量队伍状态的关键指标：

- 组织类指标——包括扁平化指数、战斗人员占比、职能授权度、职能负载率等。
- 人才类指标——人才队伍整体能力用人才密度（density of talent，DT）[⊖]等指标来衡量；人才队伍整体意愿则用人力资源资本化率[⊜]等指标来衡量。

⊖ 意味着一元的"不确定薪酬"可以买到多少人才能力，用以表示企业内人才的密度和人才能力的密度。

⊜ 意味着"不确定薪酬"在总薪酬中的占比，用以表示人力资源资本化程度，即员工的利益在多大程度上与公司进行了绑定。

以前，我们也曾经尝试将选用育留等职能运作进行指标量化，但如果没有以队伍状态来验证，这些指标（尽管能够在一定程度上反映HR的工作水平）依然难以支持HR进行有效决策。这次，HR如果剑指核心人才队伍状态，自然能够更加接近经营！对于老板来说，他们也必须纠正一个观念，核心人效和核心人才队伍状态的指标不只是人力资源类指标，更是战略类指标。

举例来说，某企业在经过商业模式和产品验证后进入了扩张阶段，品类扩张和区域扩张是两项重要任务。但在这样的形势下，该企业的组织设计并未进行有效适配。

原来是标准化业务模式，该企业建立了强大的中后台职能部门，这部分的扁平化指数[1]仅为0.5以下。而现在，他们要在标准化的基础上，根据细分客群来调整产品，必然需要给予前台业务单元更多的授权。该企业显然意识到了这一点，将前台业务单元的组织机构设置得极度精简，扁平化指数高达20以上。问题是，前台可以做到自身组织结构精简，决策高效，但它们的权力更多来自中后台，而中后台分工细碎、层级众多，权力很难被授予下去。

相对人力资源专业的传统方法，上述衡量队伍状态的关键指标显然更具穿透力，如果我们将其用于衡量核心人才仓，必然可以更加精准地掌握核心人才队伍的状态。

---

[1] 穆胜咨询原创的指标，由企业的管理幅宽和管理层级决定，管理幅宽越大、层级越少，扁平化指数越高。一般来说，扁平化指数<1时，代表存在组织冗余。

核心人才队伍的量化方法

客观来说，整体的队伍状态很难改变，因为这涉及了太多的责权利安排，但核心人才队伍的状态却可以改变，这种改变就好像经济特区的建立带动了中国的改革开放，而核心人才队伍状态的改变就是企业战略调整的最大支撑。

在《人效管理》中，我提出了"人才阵型"的概念，形成了从经营角度洞察人才队伍的独特视角。具体来说，"人才阵型"将注意力聚焦于人才队伍中的核心人才，并将其状态刻画为以下三个方面：

- **攻防理念**——如何维持客户体验不掉队，如何形成差异化客户体验，帮客户下决心；
- **人才站位**——谁是核心（一级）人才仓、周边（二级）人才仓、次周边（三级）人才仓；⊖
- **配合打法**——为了打造设想中的客户体验，三类人才仓之间应该如何配合。

基于人才阵型，企业可以进行三类人才仓成长性的波段分析，并确认每个阶段进行人才建设的重点，进而精准选择选用育留等人力资源职能动作。这种思路里，我们通过"人才阵型"把人力资源整体聚焦到核心人才仓，并基于核心人才仓的成长需求聚焦了职能动作，这

⊖ 在《人效管理》一书中，我们将三支核心人才队伍称为核心人才仓、周边人才仓和次周边人才仓，但在实践的过程中，我们发现称呼二、三级人才仓为"周边人才仓"和"次周边人才仓"会带来更大的理解成本和解释成本，故改为统称一级、二级、三级核心人才仓，本书中沿用了这样的称呼。

些职能动作也成了我们梳理人力资源战略的基础。按理说，这种操作已经最大可能地让 HR 转换定位，开始推动经营。

但这种做法没有解决的一个问题是，从人才队伍的分析到选用育留的行动，更多还是定性分析。为了解决这个问题，我按照人力资源经营价值链条，遵循"人效→队伍→职能"的逻辑依次进行了定量规划：

首先，核心人效标准 = 业绩目标 / 核心人力投入计划，所以，已知业绩目标和核心人效标准（人效维度），就可以确定核心人力投入计划（队伍维度）。

其次，核心人才缺口 = 核心人力投入计划 − 核心人力现状，据此可以明确核心人才供给的目标（队伍维度），以及具体的选用育留等职能手段（职能维度）。这种以具体选用育留手段补给人才缺口的计划就是所谓"核心人才供给计划"[一]。

至此，人力资源部门的日常工作（选用育留职能）就通过这份"核心人才供给计划"，与经营结果形成了定量层面的强力连接。

我们尽管锁定了选用育留上的重点工作，并明确了其对于核心人才队伍有直接影响，但却不能笃信这类工作的经营价值。道理很简单，但又常常被有意无视——如果核心人才队伍的进化是一种多变量的模型，那么，相对固化的"人才供给计划"就可能无法有效适配，容易陷入"刻舟求剑"的陷阱里。说白了，核心人才补给到位，对核心人才队伍状态的提升必然有一定作用，但作用多大却很难说清楚。

㊀ 包括人才招聘计划、人才晋升计划、人才汰换计划、人才激励计划、人才培养计划等形式。

说到底，我们还是应该找到衡量核心人才队伍状态的科学方法。前面我们已经提及了量化人才队伍的组织类和人才类指标，这些指标很大程度地推进了队伍层面的量化认知，但它们依然难逃"刻舟求剑"之嫌。原因在于，它们依然是将核心人才看作一个个的"原子"，将组织看作一个整体的"架构"，但将"原子"放入"架构"后能够产生什么样的战斗力，这个的确很难计量。说白了，这种量化方式的颗粒度还是太粗了。

我们有必要进一步打破传统，找出能更精准衡量核心人才队伍状态的方法。这里，我介绍一种经过穆胜咨询尝试并收到积极反馈的方法——最小经营单元计量法。

什么是经营单元（profit unit[一]）？即能够对客户体验产生影响，导致客户买单的小型团队，这些团队获得了来自企业的充分授权，能够根据客户的需求，组织相应的资源进行交付。什么是最小经营单元（minimum profit unit，MPU）？即在经营单元内，由三个核心人才仓成员[二]组成的，最能够对客户体验产生影响，导致客户买单的最小团队。[三]

首先，应该计量核心人才是否被组织结构或业务流程连接到了一

[一] 为了区别于传统的业务单元（business unit，BU），突出其盈利的属性，我们在此将其翻译为 profit unit。

[二] 此处的"三个"是指人才仓数量，而不是人员数量，因为某些经营单元内，只有2个甚至1个核心人才。

[三] 我们的实践反馈，三个核心人才组成的"铁三角"并不是经营单元的最终状态，随着"铁三角"的成熟，越来越多对客户买单有直接且重要影响的角色会进入经营单元。当然，经营单元的数量也有阈值，不宜超过。另外，某些企业管理基础较差，最初运行铁三角也有问题，我们会建议它们做两类最重要的核心人才的"结对子"，我把这个简称为"铁牛角"。

起，能够进行有效协作并影响客户买单，即 $T_1 = \alpha T$。其中，T 代表核心人才数量，T_1 代表进入协作链条的核心人才数量，α 代表核心人才协同率，由协同者的范围和协同深度决定，$0 \leq \alpha \leq 1$。

其次，应该计量这些协作关系中，有多少人是被利益绑定在了一起，只有这个时候，他们才能算作有效的 MPU 成员，即 $T_2 = \beta T_1$。其中，T_2 代表进入协作链条且被协作成果精确激励的核心人才数量，β 代表核心人才被激励率，由被激励者的范围和激励强度决定，$0 \leq \beta \leq 1$。

再次，应该计量被连接在一起且被利益绑定的核心人才中，有多少人具备了岗位要求的能力，如果我们将"有效的 MPU 成员"的要求提高一点，显然要考察他们的能力，即 $T_3 = \gamma T_2$。其中，T_3 代表进入协作链条且被协作成果精确激励的合格核心人才数量，γ 代表核心人才合格率，由合格任职者的数量和任职水平决定，$0 \leq \gamma \leq 1$。为何最后才计量这一步呢？我们的观察是，人才的能力不是静态的，能力较弱者如果被放入 MPU，也可以得到相对于身处一般组织中更快速的成长。

最后，考虑实战中的可操作性，我们将上述逻辑拆分为计量 MPU 的三大指标，它们显然决定了队伍状态：

- MPU 广度 = 进入 MPU 的核心人才数量 / 核心人才总数，这个指标更大，代表更多的核心人才进入了 MPU，核心人才的战斗力更强。

- MPU 密度 = MPU 数量 / 进入 MPU 的核心人才数量，代表 1 个核心人才可以支撑多少个 MPU，这个指标更大，代表企业的核心人才队伍被拆分为更细的盈利实体，分工和激励更精细，核心人才的战斗力显然更强。正面的极端情况是,1个人就是一个MPU,类似滴滴出行的司机、美团的外卖小哥等人员按单结算的模式;负面的极端情况是,全司人员挤入一个MPU,每个人员仅占MPU无限小的比例,就是极端大锅饭这类反例。

- MPU质量 = 进入MPU的核心人才的能力合格率 × 浮动薪平均占比,这个指标更大,代表MPU内的核心人才的能力和意愿更足,MPU的效率自然更高。

值得一提的是,上述三大指标并未完全遵循T到T_3这种理想中的转化逻辑,MPU的广度和密度同时涉及了协作分工,而MPU的密度和质量又同时涉及了激励设计。事实上,我们也尝试过用各种方式来支持"最小经营单元计量法",但实践经验反馈,上面的三大指标是最容易被理解且最容易被用于指导实践的。

理解了这个新的人才队伍状态计量方式,我们就会惊讶地发现,大多数企业看似核心人才队伍中人才济济,实际上都是假象:要么是不在MPU的范围内;要么是大量涌入了同一个MPU,MPU因载荷太大而变质,变成了"大锅饭";要么是MPU内核心人才的能力和意愿太弱,变成了"山寨创业团队"。这样的情况下,企业还不得不为他们支付高昂的人工成本,实在太不划算。

核心人才队伍的动态规划

幸运的是,当我们明确了核心人才队伍的量化方法后,似乎就隐约摸索到了核心人才队伍的进化规律——**核心人才队伍状态的提升，需要同时跨越三大核心人才仓，解决组织协同、激励绑定和能力补给三大问题。**

这也很好地解释了为何死磕"核心人才供给计划"会陷入刻舟求剑的陷阱。这类计划只是简单的、不完全的静态规划，即"哪几类人才缺多少人"，根本没有涉及动态规划的内容。试问，难道我们按计划补给了某个人才仓，对于核心人才队伍就一定有立竿见影的影响吗？不同的补充顺序、补充节奏、整合方式等，难道不会对最终的核心人才队伍状态产生不同影响吗？

这里，还是引入一个穆胜咨询的实践案例。

某 to B 企业向甲方提供技术方案的设计和交付服务，组织内有三大核心人才仓，分别是研发人才（一级）、销售人才（二级）和交付人才（三级）。该企业老板相当重视人才，对于薪酬进行了高位支付，行业水平为 P80[一]以上，企业研发人才比较突出，其余两个人才仓也都有干将人物。但让人疑惑的是，该企业在业内竞争中并未一骑绝尘，有时甚至会输给三类人才水平低一个档次的对手。

盘点该企业的核心人才状态，我们发现了三个问题：

其一，销售和交付严重割裂，两方长期背对背工作，形成了严重的部门墙。销售抱怨交付不以客户为中心，不能按承诺履约，交付能力太弱。交付抱怨销售为了拿下订单过度承诺，向后方甩锅，导致交

[一] P 代表 position，P80 即处于样本从低到高的 80% 刻度的位置，举例来说，如果样本有 100 个企业，该企业的薪酬水平是第 20 位。

付难度太大。

其二，研发过度封闭，埋头技术，不看市场，对于其他部门传递的市场信号也视而不见。研发的做法似乎也顺理成章，他们的薪酬大部分是固定薪酬，所谓的绩效考核也以按期交付研发成果作为标准。既然如此，为何要全力以赴去创新呢？这不是相当于给自己的考卷加难度吗？

其三，销售人才能力不足，几个老的销售精英是主力军，虽然陆续从外部引入了一些跨行业或业内的销售老手，但依旧青黄不接。老人们有抱怨，认为跨行业空降的不懂行业，行业内空降的不懂企业。新人们也有埋怨，认为自己有力使不上，怎么做事都是错。

上述状态下，三类核心人才效率都很低，协作起来也都很别扭。面对这样的困境，老板也很尴尬，这些人才的平均学历、平均年龄、职业经验、资格证书等数据在行业内都属于上层，但效果就是不好，核心人效数据常年低下。

他坚持认为是"人不行""人的思想状态出了问题"。于是，一方面，传递危机感，呼唤创业精神，喊出了"回归初心""X次创业"的口号；另一方面，上马"干部管理""人才赋能"等项目，还亲自授课，希望的优秀人才脱颖而出，力挽狂澜。一顿操作之后，干部管理不出意外地"以运动告终，以无效收场"。

按照传统的组织或人才盘点方式，这家企业的核心人才队伍状态绝对属于上佳，但如果用我提出的"最小经营单元计量法"，我们就会发现若干的"雷点"——他们几乎踩中了所有的陷阱。如果要跳出这些陷阱，我们就需要进行**核心人才队伍的动态规划**（见图 9-2）：

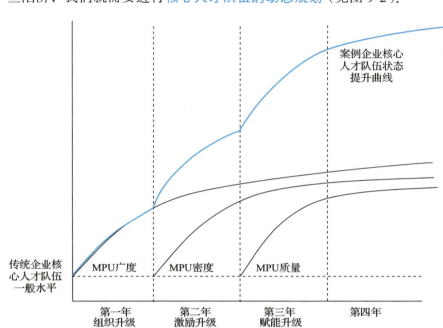

图 9-2　案例企业核心人才队伍状态提升的动态规划

资料来源：穆胜咨询。

第一步，应该通过组织升级来解决部门墙问题，提升"MPU 广度"。我们可以尝试将销售、交付和研发连接在一起，以"三角团队"的方式对客户体验负责。这一步是基础，最具有杠杆效应。

第二步，应该通过激励升级来解决大锅饭问题，尽量划小经营单元，提升"MPU 密度"。简单来说，就是让更小的经营单元能够基于自己产生的利润来分红，激励做得越细，每组经营单元就越能根据协作结果获得激励反馈，大家做事的意愿就越足。这一步会强化组织升级的效果。

第三步，应该通过赋能升级来解决任职资格问题，进一步提升"MPU质量"。例如，导入标准化的课程体系，再如，导入师带徒的赋能模式等。当组织升级和激励升级到位，核心人才的能力提升就会事半功倍。

上述思路似乎与传统操作完全不同。

不少企业和案例中的企业一样，在面对队伍状态低迷时，习惯性地关注人才赋能，会上马一系列看似体系完善、规格颇高的赋能课程。有的企业更进一步，还想要提炼企业内的各种方法论，提升核心人才任职水平。但这个方向上的操作不仅投入巨大、周期太长，且根本无法触及病灶，甚至还会遭遇两种困境：

一是老手作为知识的拥有者，根本不愿意分享知识。他们一方面抱怨新人不好用，另一方面，却宁愿花费几个小时向人力资源部解释所在领域的知识有多复杂、根本无法进行标准化总结，也不愿花费一个小时做一份有诚意的PPT。

二是新手作为知识的需求者，根本没有心思学习知识，或者说，他们中的大多数人从来不觉得自己存在能力缺陷，普通而又自信。没有被卷入协作链条中，不用被激励绑定到要对客户买单负责，他们永远不会改变。

于是HR在一次次"传统式努力"中遭遇困境，究其原因，传统的队伍类指标（平均学历、平均年龄、职业经验、资格证书等）封闭了他们的视角，让人力资源专业只能进行一些传统动作，只能进行静态规划。但依靠上述方法，我们可以引入动态规划的思路，在每个阶段进行有效干预，对核心人才队伍状态起到立竿见影的作用。当然，依靠传统的队伍类指标也根本无法发现这些"作用",而一旦采用"最小经营单元计量法",就能发现若干积极的变化,人力资源专业的定位突然就升级了。

前文曾经提到"队伍规划"既会回应"人效解码"的需求,也会牵引选用育留等职能运作形成"人效赋能"。对于前者,上一章宽口径队伍规划里已经说清楚了问题,解决了"人效解码"没有对接业务战略的未竟之事;对于后者,相信本章窄口径队伍规划也说清楚了问题,让我们能将第七章中"人效赋能"的几种新思路真正落地,解决选用育留等职能动作操作传统、方向迷失、效果不佳的问题。

我们不妨把最初的人效管理三要素模型进行细化(见图 9-3)。通过这个细化后的模型,我有必要重申一下之前的论点——**在人效管理的三大要素中,队伍规划是主战场,而窄口径队伍规划是主战场中的主战场。**

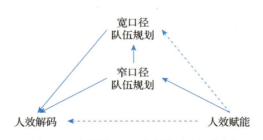

图 9-3　人效管理三要素模型(细化版)

资料来源:穆胜咨询。

这个模型揭示了人效管理上的几个操作误区和真相:

其一,大多数企业仅仅关注"人效赋能→人效解码"这段逻辑,但实际上直接针对人效提升的赋能动作多半没用,所以模型中以虚线呈现。

其二，部分企业关注队伍规划，但却将关注点放到了宽口径队伍规划上，动辄就做全员培训等"大动作"，这也是投产比极低的操作，所以模型中也以虚线呈现。

其三，真正的核心是窄口径队伍规划，即使不关注宽口径队伍规划，仅仅关注"人效赋能→窄口径队伍规划→人效解码"这段逻辑，也能取得让人惊喜的效果。因为，核心人效决定了宽口径人效能否增长，企业人效的提升，更多来自核心人才队伍的状态提升。

其四，如果以窄口径队伍规划指导宽口径队伍规划，即按照"人效赋能→窄口径队伍规划→宽口径队伍规划→人效解码"的逻辑进行操作，对于人效提升就能起到事半功倍的效果。对于这个混合了双口径队伍规划的思路，我们在下一章中会详细呈现。

人力资本的增长逻辑

行文至此，我已经阐述了人效管理中相当一部分"队伍规划"的思路，但鉴于本章的重要性，我需要从人力资本的角度来补充一些观点。这些观点来自新的视角，相信会加深读者对于窄口径队伍规划，尤其是其中的核心人才动态规划的理解。只有打开了这个视角，人力资源专业才能真正像个"生意"，真正对接战略。

在我"穆胜人效三部曲"的第一部《人力资源效能》里，我曾提出了人工成本盒子模型（见图9-4），并在其中界定了人力资源（human resource）、人力资产（human asset）和人力资本（human capital）三个概念。

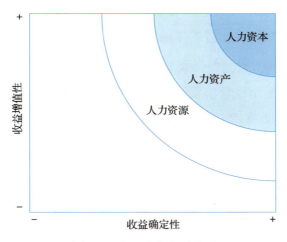

图9-4 人工成本盒子模型

资料来源：穆胜咨询。

简单来说，人力资源是有价值的人；人力资产是基于战略定制的人力资源；人力资本是与公司或项目业绩绑定的核心人力资源。我认为，从人力资源到人力资产，再到人力资本，产生收益的增值性和确定性是逐渐增加的，企业的人力资源工作如果以"人力资源经营"为目的，那么，显然应该最大限度将人力资源转化为人力资本。

基于这一模型，我提出了形成人力资本的两条路径：一是要夯实人才基础，即在同样的人工成本下，获得更多的人力资源，也就是要做好赋能设计，让更多人变成人才，变成能力更强的人才；二是要提升转化效率，即让人力资源到人力资产再到人力资本的转化变得更高效，也就是要做好激励设计，将人才的意愿校准到执行战略上，校准到公司或项目的利益上。

这样两种路径非常清晰，讲出来大家都明白，但落地到实践中，依然无法让 HR 改变工作方式。原因很简单，赋能和激励在传统人力资源工作中已然存在，若不仔细分析我文字的内容，很容易产生一个疑问——说得都对呀，但需要 HR 改变什么呢？

本章关于最小经营单元计量法的内容可能解决了上述疑问。要最大限度产生人力资本，其实就是最大限度将核心人才绑到经营单元（项目）里，就是要提升 MPU 的广度、密度和质量。进一步看，这不仅仅是提升了核心人才队伍的状态，不仅仅是提升了核心人效，更是盘活了经营。只有将核心人才绑定到经营单元里，才能定向匹配、绑定财务资源，让财务资源也实现资本化。㊀一个企业的经营单元越多，人和财两类资源的资本化程度就越高，收益的确定性和增值性都会大幅提升，自然可以期待一个让人惊喜的经营结果。

如果从这个角度来理解，人力资源工作显然会发生颠覆式的变化，HR 最需要做的，是去推动组织变革或升级，让三类核心人才仓里的人才能够有效连接，形成最小经营单元。其实，这才是近年来越来越受重视的组织开发（organization development，OD）工作的真正意义。现实是，太多的 OD 从业者都没有理解到这一层，做了太多的无用功。当然这里的难度可想而知，有的企业高薪聘任了 OD 总监，希望他们能够推动组织变革，这是很可笑的遐想。我甚至认为，OD 总监这个

㊀ 在工业经济时代，人力资源在一个项目里并非核心资源，因此，人力资源资本化并非财务资源资本化的前置条件。举例来说，如果将土地、资金等资源配置到一个项目中，大概率傻瓜操盘都能赚钱。而在数字时代，人力资源必然是一个项目的核心资源，他们决定了项目成败，因此话语权越来越大。某些项目里，出资并非最多的操盘团队甚至能通过 AB 股等杠杆形式获得超过出资比例的投票权。

职位都是个悖论——能做 OD 的，必须要有 CHO 或 HRVP 的职阶；但既然职阶到了 CHO 或 HRVP 了，为什么要冒险做 OD？CHO 或 HRVP 尚且如此纠结，OD 怎么可能由总监级的人来推动？

而激励（compensation & bonus，CB）和赋能（talent development，TD，或 learning development，LD）工作并不是不重要，而是应该围绕经营单元的组建，过于循规蹈矩的实践只会是隔靴搔痒。举例来说，不考虑某类核心人才在经营单元里的贡献，仅仅基于他们的固定岗位来调整激励，依然停留在"岗位工资＋绩效工资＋年终奖金"的套路里，怎么可能驱动他们在经营单元里忘我投入？近年来，一些资深 HR 运用经典工具给出的解决方案越来越难满足老板的需求，其实就是这个原因——他们的"锚"错了，不是在做经营单元，不是在推动人力资本增值，而是在完成他们认为"经典"的职能动作。

说到底，寻找人力资本的增值方法，就是在寻找一种组织变革的路径，而核心人效的提升，只是这种组织变革的结果。残酷的现实是，大多数企业突破不了"组织"这道关隘，自然管不好核心人效，也承接不了战略，只能回到"伪宽口径人效管理"的维度，继续砍人、砍人工成本，做做没有意义的努力。

HR EFFICIENCY
AS A STRATEGY

第 十 章

双口径人效下的队伍规划

第十章　双口径人效下的队伍规划

前两个章节，我们已经对宽口径和窄口径两种人效下的队伍规划进行了阐述。花费大量笔墨之后，我相信两类队伍规划的基本思路介绍得已经足够清晰，但此时又产生了一个新的问题——两类队伍规划好像都是企业必需的，但又是完全不同的内容，应该如何结合实施呢？

宽口径人效下的队伍规划解决人才总量配置的问题，似乎是宏观视角，为了支撑全面预算管理，这个部分的规划必须完成；窄口径人效下的队伍规划解决核心人才配置和发展问题，似乎是微观视角，为了让人力资源工作有的放矢，这个部分的规划也必须完成。

从前文可以发现，这两种不同的视角，出发点是完全不同的：

宽口径人效下的队伍规划把人当作抽象的个体，仅仅用数量和费用来刻画，也并不重视个体之间的关系。其假设是"1+1=2"，更多的人力投入必然带来更好的业绩，考虑的是如何将人力投入配置到最有杠杆效应的位置上。

窄口径人效下的队伍规划将关注范围收窄到核心人才，把人当作有个性的个体，高度重视个体之间的关系。其假设是"1+1≠2"，追求"1+1>2"的效果，认为头部人才带来业绩的提升，考虑的是如何通过核心人才之间的合理搭配（流程、组织设计）和配套措施（激励、赋能等），最大程度发挥他们的能量。

不管有没有提及上述概念，大多数企业实际上都在同时实施两种口径下的人效规划，尽管手段不见得那么科学。本章想讨论的是，双口径人效下的队伍规划（简称双口径队伍规划）的歧途与正路。

先宽后窄的队伍规划

大多数企业从方便工作的角度出发，实施了先宽后窄的队伍规划（见图10-1）：

- 第一步，确定财务预算，明确下一年度公司整体和部门局部分别能用多少钱。
- 第二步，从财务预算中划拨人力预算，明确下一年度公司整体和部门局部能在人力资源上用多少钱。
- 第三步，公司整体和部门局部根据人力资源专项成本费用总额，按照人才结构的预设（不一定是精准的比例）划定对核心人才的人力资源投入，具体包括人工成本和周边成本（如培训费等）。
- 第四步，根据核心人才的人力资源专项成本费用总额，明确最能提升核心人才队伍战斗力的人力资源职能措施，进行一系列的立项，进而把这些费用总额进行切割（如干部培训费用、核心人才评估费用等）。

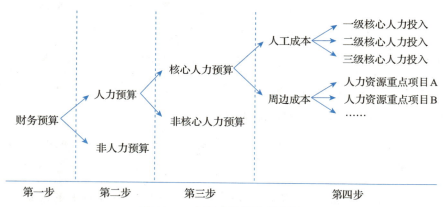

图 10-1 先宽后窄的队伍规划

资料来源：穆胜咨询。

我在前文中明确提出，那种有强烈路径依赖性的"增量预算法"是导致企业战略无法落地执行的"组织死结"之一，上述先宽后窄的队伍规划，本质上是这种思路在人效管理领域的落地。

说白了，在这种预算制定和队伍规划方式下，大家都是先把资源抢到手，再去想做什么。有人可能质疑：申请预算时不都需要明确项目吗？但事实上，申请预算的部门通常不会在这个阶段认真梳理工作思路，并形成精细的计划，甚至，公司整体在这个阶段也不会认真梳理战略思路。等到预算申请下来了，企业又只能在预算范畴内推动工作，除非上级领导提出新的思路或要求，并愿意给予预算外的资金划拨。大多数情况下，预算制定初期的懵懵懂懂会延续到财年终结。

总之，以确定总量为目的的预算方式，本质上是在鼓励编制预算的部门"编故事"，而不是鼓励他们"找出路"。

如果按照这种思路，我们所谓的宽口径队伍规划，几乎也很难做好。因为，宽口径队伍规划的要点在于，基于战略盘点业务单元的重要性和前景，并进行更加合理的人力资源总量投放。而上述思路里，人力资源总量和拆分逻辑都会向上一年度看齐，根本没必要用宽口径人效来衡量。于是，大多数企业基于宽口径人效进行的人力预算和队伍规划，本质上只是换了一层皮的传统工作。更让人尴尬的是，这种基于宽口径人效的人力预算看似科学，但却会带来若干来自"预算传统"的挑战。HR可以把人力预算的逻辑解释得无比清晰，但只要削减了业务部门的人力预算，他们就会有种种理由来抗辩。于是，在各方重压之下，这种宽口径队伍规划根本无法落地，最后往往会不了了之。

那些最后能够立项的、指向核心人才的人力资源重点项目，都是在各种约束条件下勉强存活下来的"小草"，不可能长成参天大树，自然是难以发挥提升人才队伍状态的作用。不妨探讨一下，在这种预算模式中哪些项目能够存活下来，自然是那些老板"重视"的项目。比如，老板关注领导力了，领导力项目就可以立项；再比如，老板关注绩效考核了，绩效考核项目就可以立项⋯⋯

但我们也应该清醒地认识到，人力资源管理是一个复杂系统，老板尽管有全局视野和战略眼光，但大多却并非这一领域的专业人士，怎么可能轻描淡写地找到核心人才队伍问题的症结。不得不说，这种指挥在很大程度上都是无效的，甚至会形成误导。

这也是"HR们很辛苦，但老板和业务部门不认可，最后HR很伤心"的原因，因为他们做的那些项目大多是错误的。这种浮在表面的运作方式，让他们越来越远离了真正的价值创造，越来越平庸化。

很多人认为，人效管理是HR们通过数据壁垒建立自己专业性的最好机会。但在实践中，人效管理仅仅为HR们带来了一时的话语权，大多数人效管理项目都是浅尝辄止。

于是，有HR问我："穆老师，人效管理真的是可以落地的吗？"我的答案是，人效管理完全可以落地，但却不能仅仅依靠人力资源部，因为它就是一种需要一把手亲自上手的组织变革。况且，这种变革甚至涉及改变企业传统的预算模式，难度可想而知。在我们经历的咨询项目里，要突破这些难点必须通过精心设计的技术手段来实现"平滑过渡"，这可不是某些专家宣传的"特效药逻辑"。

如果有企业想引入一个咨询公司，简单讲授一套方法，而后就将人效管理快速落地并把人效提升20%～30%，未免太过天真。悲哀的是，现在发起人效管理项目的企业中，90%都有这样不切实际的遐想。

企业的这种遐想也倒逼了咨询公司来"伪创新"。试想，当你面对一个大客户，人家张口就是："你们能不能在本年把我们的人效提升30%？"作为咨询公司，你如何回答？如果否定掉人家的遐想，这个项目就不用谈了。但如果接下了这个遐想，要么就是砍人、砍人工成本的激进疗法，要么就是传统选用育留的保守疗法。无论是哪种，都不是真正的人效管理，都不会让企业满意。

问题是，是谁让事情走到这一步的？

先窄后宽的队伍规划

想象有这样一个企业，它完全实施了先窄后宽的队伍规划（见图10-2）：

- 第一步，根据战略确定核心人才队伍的静态和动态规划，明确最能提升核心人才队伍战斗力的人力资源职能措施，进行一系列的人力资源重点项目立项。

- 第二步，根据核心人才队伍的静态和动态规划，确定其余非核心人才的静态和动态规划，明确相应的人力资源职能措施，进行一系列的人力资源项目立项。这些项目会与针对核心人才的人力资源重点项目形成配合关系，而不是"偏安一隅"。
- 第三步，将上述各项人力资源工作的投入转化为成本费用数据，再与企业的这一部分的预算结构对齐。
- 第四步，基于人力资源的预算，搭配其他财务类预算，确保人财两类预算的搭配能指向以经营单元细分的业绩结果，并形成企业最终的预算结果。大多数时候，"人太多，预算太少"和"人太少，预算太多"都是悲剧，只有人和财合理搭配，并对细分的业绩目标负责，才能发挥两类资源的最大效能。

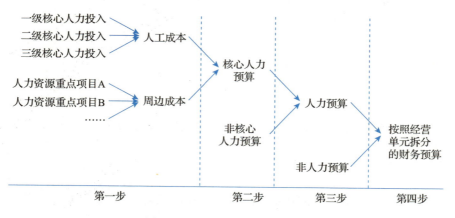

图 10-2 先窄后宽的队伍规划

资料来源：穆胜咨询。

从逻辑上看，这种预算模式完全逆转了传统的预算模式。其核心要义在于，跳过了烦琐的中间环节，让战略直连核心人才。但这绝不是大多数老板在某个战略领域表现不佳，就归咎于人才、要求找到超级人才的简单粗暴的做法。我们要考虑的是核心人才队伍的整体战斗力，考虑的是他们如何承接战略。

也就是说，这种预算模式从最开始就是向着"承接战略"去的，自然也需要老板从一开始就深度介入。这种介入不仅是进行直接指挥和提供资源保障，更是要帮助 HR 们打开思路。其实，企业核心人才队伍的问题有很高的相似性，问题就那几样，解决的关键在于老板给出什么样的导向，因此，必须在一开始就让老板和 HR 同频共振。

说到这里，HR 们难免抱怨，几个人力资源项目怎么可能牵动老板的注意力？其实，问题有两个方面：

其一，传统的人力资源项目并没有深入业务，并不以追求业务结果为目的，更别谈落地战略了。说得直白点，在大多数老板的心里，人力资源工作从来都不是战略级的，不会带来他们想要的短平快的效果。近年来呼声很高的"业人融合"㊀，正是为了解决传统人力资源工作的这个问题，当然，我看到的绝大多数手段依然还是在做"保守改良"。

其二，大量战略会的讨论都会绕开人力资源的环节，老板和业务部门觉得这种细碎的事不用拿到战略会上讨论。但尴尬的是，战略方

㊀ 最初的概念是"业财融合"，即财务工作与业务的融合，后来，这一概念被迁移到了人力领域，成为大家都在谈论的"业人融合"。

面的部署如果不通过组织和人力资源的安排就完全落实不下去。老板们过于相信自己指挥的力量,他们默认只要自己"高度重视""三令五申",干部和员工在行动上自然就会有回应。就算是干部和员工能力不足,只要自己"耳提面命""语重心长",他们也就会有所成长。实际上,他们大大低估了组织和人力资源的"惯性"。

更让人哭笑不得的是,就算好不容易把大家逼到谈论组织与人力资源的环节,讨论的话题也几乎可以盲猜——业务单元无非是要更多的授权(建成所谓的"独立团")、更多的编制、更多的人力预算。在业务部门眼中,这些才是至关重要的组织与人力资源问题,这关系到它们的利益呀!至于说如何提升核心人才队伍的状态等高难度话题,不会有人去认真思考的,毕竟太费脑力了。

必须要指出的是,这种高难度话题,即使业务部门回避,老板也必须坚持。在这上面投入精力,比老板直接指挥业务或直接教育干部来得更加有效。其实,如果老板真的对自己的战略特别有信心,认为不需要进行讨论,㊀那么,他们就完全可以对战略部署简单进行解释,而将更多的精力放到讨论战略落地上,即如何调整核心人才队伍的状态才能匹配战略。

说到这里,我的建议再明白不过——HR 们必须要深度渗透到战略会里,要重新定义战略会,要有自己的存在感,甚至要变成推动战略落地的主角。

按照我们的观察,大多数中国企业的战略会早就"油腻化"了,

㊀ 当然,我们不赞成这种简单粗暴的做法,但为了说明问题,这里仅做假设。

早就应该改变了。通常的战略会上，无非是各部门相互"吐吐槽"，大家在可控范围内"红红脸"，而后一起展望前方，提出若干不可能落地的豪迈口号作为问题的答案，如"扎根客户""重仓研发""提升产品力""提升组织力"等。最有意思的是，经过这一系列无意义的折腾，老板们还会觉得会议开得很通透、很过瘾。他们可能是真的对战略有了新的思考，但这些思考必然很难落地。殊不知，混过两次战略会的人，早就知道了应该如何表演。而那种不需要挤破脑袋想答案、不需要左右纠结做抉择、不需要斤斤计较领任务的战略会，基本都是用口号替代了答案，开或不开没有什么区别，等同于欢乐的年会。

HR 们务必牢记，如果不在这个会议上讨论清楚核心人才队伍的问题，等到战略会开完，预算开始启动，HR 们就再无机会创造真正的经营价值了。因为预算的巨大惯性会卷入一切工作，让企业继续墨守成规。放心，今年的预算逻辑与去年的不会有太大的改变，今年的预算也不会专门支持今年的战略。

而我们一旦在战略会上确认了核心人才队伍建设这个"锚点"，后续的由窄到宽的人效管理自然水到渠成。而由于核心人才队伍建设直接指向战略落地，基于其业绩目标和人效标准，自然就可以清晰设定核心人才的各类预算投入。而后，一方面考虑核心人才与周边人才、人才队伍与财务资源的搭配，另一方面则考虑对每类预算的投入是否能支撑相应的业绩产出，每种口径的人效都会异常清晰。

反过来说，如果一个企业的 HR 负责人没有让老板产生要"让他牵头开展战略会"的想法，那么，两人基本上就可以结束合作了。这可能是 HR 负责人的错，他可能影响力太小，他可能对业务理解不足，他的人力资源专业技能可能让老板觉得可有可无，再给机会的老板也可能错付信任；这也可能是老板的错，他可能根本没有意识到人力资源专业对于落地战略的重要性，再好的 HR 负责人也可能明珠暗投。遗憾的是，我们在实践中观察到的绝大多数案例，都是上述两种情况的结合。

队伍规划的瀑布结构

在《人效管理》中，我谈到了核心人才仓之间的"溢出效应"。即所有人才仓的提升，都要服务于核心人才仓的长期提升，产生一种能力溢出的效果。形象点儿说，每个人才仓的提升，都能或多或少地"外溢"影响，支持核心人才仓的提升。极端地说，核心人才仓即使原地不动，基于几个人才仓之间的协同关系，也能受到其他人才仓能力溢出的正面影响。

以某个企业为例，其三级核心人才仓分别为研发（一级）、交付（二级）和商务（三级）。在人才发展的过程中，即使研发人才仓的能力和意愿没有提升，但由于交付人才仓进步了，能够更好地理解客户需求，传递产品价值，这让研发成果能够"端到端"地抵达客户，看似研发人才仓也更有效率了。

请记住，一级核心人才仓的成长规律是人效规划最核心的要素，一切的后续规划都应该围绕这个规律进行，它甚至决定了核心人才队伍建设的"锚点"。因为，一级核心人才仓是企业人才队伍中的王牌，是建立核心竞争力的基础，最坚固的客户体验必然来自这里。

所以，我们强化二、三级核心人才仓的行为，从本质上说，也是通过溢出效应在为一级核心人才仓助攻。某个阶段，我们选择发展某个二、三级核心人才仓，并不是更换了"主力"，而是在这个阶段，使用其他的"杠杆"，更容易撬动整个核心人才队伍的战斗力。

需要认识到的是，由于三大核心人才仓之间联动紧密，直接指向客户体验，它们本身的溢出效应会非常明显，远远超过不在这个范畴内的人才队伍之间的溢出效应。但这种溢出效应也不是必然存在的，对核心人才仓的规划必须要有整体思路，否则这种溢出效应就会被大大削弱，甚至消失。

这种溢出效应也是我们将人才队伍规划和人力资源（选用育留）项目的重点放核心人才上的原因——有巧思的规划和后续动作能迅速放大核心人才队伍的战斗力，这在很大程度上决定了客户体验，落地了业务战略，以此为基础来规划和发展其他的人才队伍，也能事半功倍。相比起来，如果本末倒置，一开始就将大量精力放在整体人才队伍上，人才队伍规划和人力资源项目总像是隔靴搔痒，与业绩之间的关系不大。当然，HR 此时一定会主张"人才队伍建设是百年大计"，但这种略显古板而油腻的说法，又能让几个老板认可呢？

实践中，穆胜咨询采用"瀑布式人才规划法"，具体做法如图 10-3 所示。

第一步：人才阵型厘清	• 我们以什么核心人才队伍打造客户体验？
第二步：人才队伍盘点	• 核心人才队伍数量够不够？素质强不强？结构（MPU广度、密度、质量）对不对？
第三步：静态规划拟定	• 在一定时期内这三类核心人才分别缺多少人？
第四步：动态规划拟定	• 三类核心人才应该如何补给（补给方式、补给顺序、补给节奏、整合方式等要素）？
第五步：整体规划拟定	• 如何布局其他人员才能与核心人才产生"化学反应"？
第六步：咬合财务预算	• 人、财两类资源如何切割并指向经营单元的业绩目标？

图 10-3　瀑布式人才规划法

资料来源：穆胜咨询。

第一步，人才阵型厘清。

明确核心人才仓的人才阵型，即攻防理念、人才站位和配合打法。人才阵型是设计层面的内容而非现状，更多是由企业的商业模式和业务战略等决定的，换言之，有了确定的商业模式和业务战略，企业的人才阵型基本就确定了。而后续企业要做的，更多不是改变人才阵型，而是调整核心人才队伍的状态，以实现这种人才阵型。

第二步，人才队伍盘点。

所谓人才队伍盘点，包括两个方面：一是要明确三个级别核心人才仓的当前现状（起点）；二是要明确后续人才发展手段到位后核心人才仓的成长轨迹。其中，现状盘点应该从数量、素质、结构等维度综合进行评估，要回答三级核心人才仓"数量够不够""素质强不强""结构对不对"三个问题。

其中，数量和素质是传统人才盘点工作都会涉及的（尽管质量大多有待提升），而结构则是我们重点强调的维度，我们重新定义了结构。我们要看的"结构"，不是不同专业、不同职级、不同素质的人才分别有多少，而是这三类核心人才以什么样的方式组成了经营单元，以及这种经营单元实际的运作效率如何。换言之，我们要盘点 MPU 的广度、密度和质量。

第三步，静态规划拟定。

以三支核心人才队伍的现状和成长规律为基础，进行核心人才队伍的静态规划，即回答"在一定时期内这三类核心人才分别缺多少人"的问题，具体产出就是一份"核心人才供给计划"。

需要注意的是，这种规划应该以一级核心人才仓的现状和成长规律为准绳，其他人才的规划要最大限度支持一级人才仓发挥威力。举个形象的例子，当足球场上某支球队前锋的人数和能力不足时，我们就不能寄希望于安排更多的后卫来解决进球问题。不是说这样完全没用，而是因为这不是一个有效率的解决方案。

第四步，动态规划拟定。

以核心人才静态规划为基础，明确三类核心人才的补给方式、补给顺序、补给节奏、整合方式等要素，其目的是尽量将三类核心人才整合为更多高质量的经营单元。这一步工作的质量，可以用 MPU 的广度、密度和质量三大指标来衡量。

至于说在核心人才队伍的补给上，究竟是要补充人员，还是要提升能力，抑或要重构协作，既要看人才队伍的现状和成长规律，也要看老板的风格。有时，我们完全可以通过数据找到最合理的路径，但老板们基于自己的认知，可能更信任另一条路径。

举例来说，某个企业经营 to B 或 to G（政府）业务，以"前期工程＋后期运营"的形式交付解决方案。我们分析其商业模式和业务战略，并盘点了核心人才队伍的各类数据，证实只有组建经营单元，才能确保三个核心人才队伍紧密协作，以客户为中心交付定制化方案，才会在这个竞争激励的市场内占据先机。但老板犹豫再三，还是决定先抓干部管理，理由是"干部提升了能力和意愿，也能解决问题，这样更简单直接"。他的想法显然不够理性，是典型的"头痛医头，脚痛医脚"，干部的能力和意愿要是能像他说的那样顺利提升，早就提升了，还用等到现在？

第五步，整体规划拟定。

这一步正式进入了宽口径人效管理。企业人才队伍规划中 80% 的精力都应该放在核心人才队伍上，但我们决不能因此就忽略了其余人才的静态规划和动态规划。其余人才在数量上占企业人才的绝大多数，他们会带来大量的人工成本支出，也在很大程度上推动了企业文化的形成。

企业核心人才队伍的动态规划定义了三支核心人才队伍的成长路径，三支队伍在每个阶段的状态，显然在很大程度上决定了他们所在业务条线的成功概率。如果宽口径人效管理是按照不同业务条线的前景来布局人力资源投入的，这个前景显然在很大程度上也是由核心人才队伍的状态决定的，所以，我们应该考虑投入的其他人员如何与核心人才产生"化学反应"。

我们这里举个反面的例子。某企业发现了一个前景广阔的新兴业务机会，但显然没有足够的核心人才队伍来支撑。于是，企业成立了事业部，并迅速招入了某个外部的业务能人，充分授权他来组建团队。这里，企业完全把希望寄托在一个能人身上，放弃了对人才队伍的规划，有点儿豪赌的嫌疑。企业的假设是自己不懂这块业务，但殊不知，企业引入的业务能人可能更不懂组织设计和人才规划。如果核心人才队伍没有搭建起来，再多的人力资源投入也是枉然，许多企业的人力资源投入就是浪费在这里，这也就是双口径人才规划的意义。

第六步，咬合财务预算。

宽口径的人力预算形成后，要以此为基础匹配财务预算，人和财应该沿着经营单元的分割，指向经营业绩。企业最担心的是，投入了财务预算，但不能转化为业绩结果，还会被一次次地要求增加财务预算投入，大量的预算都好似流入了"无底洞"。所以，我们在划拨财务预算的同时，必须要关注财务效能。

要设定合理的财务效能，每个经营单元必须有靠谱的经营计划。但问题是，哪些企业的部门会在申请预算时，定出靠谱的经营计划呢？连任正非在华为如此严谨的预算体系下，都还要疾呼"不要再讲故事，一定要讲实现"，中国其他企业的预算质量可想而知。一个靠谱的经营计划，一定是在业务策略的基础上，对人力和财务预算有明确的安排。业务策略越具体、越有画面感，人力预算和财务预算就越能做到精细化，人效和财效就越有保障。

我们应该明确的是，业务策略、人力资源和财务资源三者的关系（见图10-4）。其中，人力资源必然是核心，它决定了业务策略能否落地，也决定了财务资源的使用是否合理。过去，不少企业过度强调业务策略的重要性，或是强调财务资源的重要性，把核心人才队伍降维成了单纯的执行者,这在如今的商业环境里显然是不合理的。只有将核心人才注入经营单元并明确其责权利,他们才能灵活运用业务策略和使用财务资源。这也正是我们以核心人才为起点发起"瀑布式人才规划"的原因,这种模式最终咬合财务预算,也可以被称为"瀑布式预算法"。

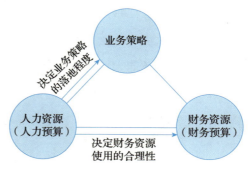

图 10-4　人力资源的核心地位示意图

资料来源:穆胜咨询。

HR EFFICIENCY
AS A STRATEGY

第十一章

发现企业的浪费之源

面对经济下行压力加大,"活下去"成了企业的基本要求,老板们纷纷高喊降本增效,还要立竿见影。

当前,大多数企业的降本增效只是处于初级阶段,消除的仅仅是**"看得见的浪费"**。所谓"看得见的浪费",就是那种没有也不会对公司有太大影响的支出,如溢价的福利、超配的编制、没有明确产出的项目、亏损的业务等。在稍微有点儿规模的公司里,这种浪费比比皆是。此时,只要老板支持、CFO牵头,基本都能清理出不小的空间。

这种动作非常合理,也能达到"传递寒气"的效果。但如果仅仅停留在这一步,仅仅将降本增效理解为"砍砍砍",那就很可能误入歧途,破坏业务基本面。甚至,某些企业还把降本增效变成了**"表演赛"**,例如,把厕所每个蹲位一卷纸换成门口一大卷纸,又如,把快递由顺丰变成韵达,再如,把食堂免费的打包袋取消……我们可以想一想,这些"表演"又能降多少本,增多少效呢?

在新冠疫情期间,穆胜咨询启动了一个"降本增效"主题的深度研究,扫描了国内外数十家在这个方面有突出表现的超大型企业,并将它们的降本增效操作总结为几种套路。我并不是要总结出几种特效药,而是想从这些操作中找到企业的"浪费之源"。

套路1:战略聚焦法

所谓"战略聚焦法",是指放弃非战略领域的业务,将资源聚焦到战略领域发力,依靠核心能力开拓"主战场",追求更高的效能(投产比），赢得生存空间。这个方向上，典型的企业是LVMH集团，也就是奢侈品品牌LV的母公司。

在经济寒冬，客群结构发生了极大变化，这意味着企业要重新校准战略，在业务上进行更加稳健的布局。说白了，就是要砍掉那些不赚钱也没有未来的业务，将资源和精力聚焦到用户需求的爆款上，在刚需的基础上再做溢价。我甚至建议企业——要关注那种有"后天"的市场，不能仅仅有"明天"。

我们选取了LVMH集团营收总盘与"时尚与皮革制品"（营收占比最大）、"手表和珠宝"两项业务进行对比，分析其营收和利润率的变化趋势（见图11-1、图11-2）。不难发现，"手表和珠宝"业务在营收和利润率上是最低的，且走势太过平缓，可以说严重拉低了集团的财务表现。既然如此，相对于"时尚与皮革制品"这类营收和利润率都异常优秀的业务，"手表和珠宝"业务存在的意义是什么呢？显然，这条产品线需要急速收缩。

图11-1 LVMH集团营收变化走势图

资料来源：LVMH集团财报、穆胜咨询。

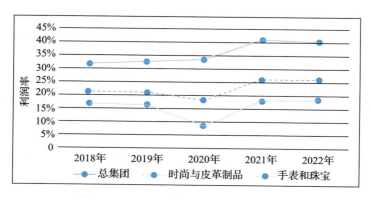

图 11-2　LVMH 集团利润率变化走势图

资料来源：LVMH 集团财报、穆胜咨询。

2022 年，一则网络传出的 LVMH 大中华高管会信息披露，他们对于市场的判断是：经济环境导致普通用户购买量萎缩，甚至中产和小富用户购买量也会衰落，只有超高净值用户的数量和购买量有增加的潜力。换句话说，以前的白领或学生可以省吃俭用购买一个 LV 的入门级产品，以前的中产和小富用户也可能用闲钱购买 LV 的中低端产品，但现在他们都不会了。自然，这种客户结构的判断进一步证实了对各大产品线进行急速收缩、砍掉低端产品的必要性。不过，一名不愿具名的 LVMH 高管向媒体否认了该信息的真实性。

但我们却发现，LVMH 聚焦战略的行动与上述网传的会议精神如出一辙。这种精神最直接地传递到对手表和珠宝业务这条相对弱势的产品线的态度上，在这里，LVMH 大刀阔斧地进行了改革。

据 WWD 报道，LVMH 正在寻求改变其制表方式，削减现有产品线的 80%，专注于升级即将推出的产品。2023～2030 年，LVMH 计划将把其超过 100 款的腕表精简为 20 款活跃型号。一段时间内，LVMH

也暂停了手表的生产，为聚焦推出的主力新产品做准备。

LVMH手表总监让·阿尔诺（Jean Arnault）告诉媒体，公司决定缩减其手表产品供应，是为了展示该品牌对打造高端钟表的坚定承诺。他的一段话体现了公司聚焦超高净值用户的决心："我们的目标不是让每个人的手腕都戴上手表。这是为了确保我们的历史收藏家、我们的品牌爱好者能够在更入门级的高端制表作品中认识到自己。"

我们需要理解收缩战线对于企业的好处。以LVMH为例，低端产品线的存在看似可以增加营收规模，实际上模糊了品牌定位，减少了超高净值用户对高端产品的购买意愿。如果考虑普通用户购买会急剧减少，那就不如果断切割，聚焦高净值用户、饱和攻击、做到极致、升级品牌。其实，"既要、又要、也要、还要、更要"的事，本来就不是战略。

这里要强调的是，我并不主张所有企业都去争高端，因为不是所有企业都有这个条件。反过来说，如果是平价品牌，这个时候就应该聚焦平价用户，把低价做到极致。日本在20世纪90年代经济发展停滞时，进入了"低欲望社会"，这对诸多品牌来说是灾难，但却造就了优衣库、日本大创（百元店）、NITORI（家居连锁）等平价品牌的兴起。

其实，聚焦战略，总有机会。

套路2：组织增压法

所谓"组织增压法"，是指打造出更紧凑的组织结构，把费用（注意，不是成本）压缩到最低，同时也形成更加敏捷的状态来快速回应市场。在这个方向上，典型的企业是小米。

很多快速发展的企业都会因为管理不成熟而形成大量"不必要的官僚机构",这种状态集中体现为中后台的臃肿。在感知上,这体现为"抢活儿干"或者"互相推诿",说白了就是组织内的推责、争权、揽利;在财报上,这体现为费用的浪费,具体来说就是销售费用和管理费用的大量支出。

以新能源汽车为例,小鹏汽车2022年的销管费用率为24.9%,居然高出理想汽车10多个百分点(见图11-3)。当然,前者大可以主张自己与后者的商业模式、战略打法或组织结构不同,但这个体现在财报上的问题毫无疑问会影响其竞争力。

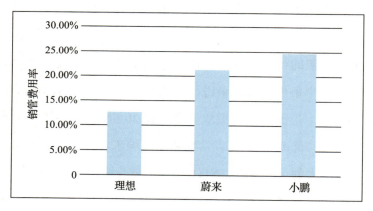

图11-3 "蔚小理"2022年销管费用率对比图

资料来源:蔚来、小鹏、理想财报,穆胜咨询。

其实,很多证据都说明了小鹏汽车的组织结构设计有待优化。例如,何小鹏在内部会上举例称,一位用户在汽车充电出现故障后,居然接到来自小鹏汽车不同部门十几位客服的电话。再如,由于营销和市场的协作界面没有明确,每当举办车展,两个部门就争得不可开交。

回到小米，其面临的市场风险显而易见。2022 年全年，中国智能手机市场出货量约 2.86 亿台，同比下降 13.2%，创有史以来最大降幅。2022 年起，小米更是连续五个季度营收下滑，连续四个季度净利润下滑。

面对这种不利局面，雷军对组织进行了"增压"。

2023 年 1 月，小米宣布成立集团经营管理委员会和集团人力资源委员会，均由雷军出任负责人。尽管有很多官方的说法，但实际上这就是一个典型的"收权"举措，剑指"降本增效"。

大型企业分工细化、层级众多，每个业务条线和层级为了证明其价值，都会做出各种"动作"，这些"动作"不一定能带来经营结果，更像是足球场上的"无效跑动"，有可能仅仅支出了费用（不是成本）。

雷军用两个委员会直接把"财"和"人"两类预算的分配权上收了，形成了更加精简的决策结构，这在经济下行压力加大时无疑是明智的。当然，除此之外，小米的后续行动也颇为果决。

在前台，小米加大了在营销策略方面的管控，力图把有限的资源用在"刀刃"上。策略统一，显然可以减少这一领域费用的浪费。小米 2023 年第一季度财报数据显示，其销售与推广开支为 41.04 亿元，同比下降 21.92%。

在中后台，小米坚决地挥动了"砍刀"，主要是通过减少行政人员薪酬和专项服务费来控制行政支出。2023 年第一季度，小米行政开支为 11 亿元，同比下降 8.8%。在成立降本增效专项组后，小米进一步开始推行缩减福利的政策。

统一前台打法，精简中后台，的确可以最大限度压缩费用。但这种精简的组织结构，却形成了一个巨大的风险——决策压力集中到了老板身上。例如，小鹏汽车也进行了类似小米的组织增压，何小鹏亲自担任了战略、产规、技术三个虚拟委员会的负责人，打造了一种极度"扁平化+集权化"的组织结构。

但试想，这种状态能持续多久？又可以面对多复杂的市场？坦白说，这种"组织增压"是一种战时必需，企业不可能一直绷紧在"战时状态"，这种手段却很难持续。

套路3：经营承包法

所谓"经营承包法"，是让各项能打粮食的业务成为一个自负盈亏的"类独立公司"，将经营者的利益与经营结果进行强关联，切断来自母体的输血（资源供给）。这也是"动组织"的玩法，在这个方向上，典型的企业是阿里巴巴，尽管它的操作仅仅是浅层的尝试。

组织设计的一个原理是：越是放权，各个业务单元越会以"独立团"的方式作战，它们可能捕获到新的机会，但同时也会造成大量资源浪费。

当市场向上走、有广阔的红利空间时，企业可以授权，形成大量的"独立团"，让他们灵活作战，期待惊喜；但当市场向下走、红利空间消失殆尽时，仍然保留大量的"独立团"，就可能造成巨大的浪费。

最让人哭笑不得的是，当经济下行时，"独立团"抓不到机会，"团长们"却不会调整打法，只会认为是资源给得不够。于是，他们继续用"大故事"申请"大资源"，承诺"大目标"。这样一来，企业的各类费用支出根本控不住。就连在华为这样的优秀企业，任正非也大声疾呼："不要再讲故事，一定要讲实现。"

上述道理很简单，但企业却很难强势收权，因为，多元经营的企业的各条业务线很难进行"一刀切"的管理。一旦收权，虽然解决了"一放就乱"的问题，但却必然出现"一管就死"的尴尬境况。

阿里巴巴就陷入了这种尴尬局面中。自2020年以来，阿里巴巴各分部收入整体逐渐上升，但上升速度出现放缓，尤其是作为主要收入来源的中国商业分部2023财年（FY2023）收入甚至出现负增长，同比下降了1个百分点，其经调整EBITA利润率也不断下滑。而除了中国商业分部，其余分部均处于亏损或者微利状态，尽管几年来各分部亏损有收窄趋势，但是多元化的扩张和持续的亏损，还是让阿里巴巴压力巨大（见图11-4、图11-5）。

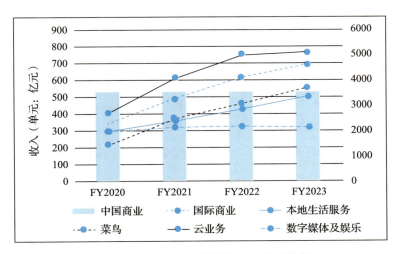

图11-4 阿里巴巴各分部收入变化走势图

资料来源：阿里巴巴财报、穆胜咨询。

注：由于阿里巴巴各事业部营收差距较大。因此使用两个纵坐标轴来表示其收入，除"中国商业"参照右边的纵轴，其余业务均参照左边的纵轴

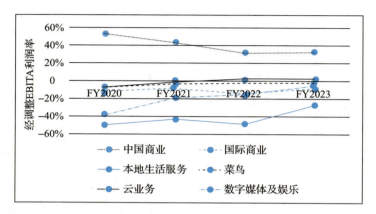

图 11-5 阿里巴巴各分部经调整 EBITA 利润率变化走势图

资料来源：阿里巴巴财报、穆胜咨询。

当务之急，显然是要激活经营单元的活力，实现"管而不死，放而不乱"，阿里巴巴计划和已经部分实施的操作，正是在平衡这种两难。

- 首先，阿里巴巴通过"1+6+N"的组织变革，设定了各个业务"经营承包化"的基调。
- 其次，把 P8 职级以上干部的任免权上收，并让干部薪酬和奖金与其所在业务规模和团队规模强联动，试图解决 高层利益绑定 的问题。
- 再次，整改职级体系，加密职级阶梯，并设置更加严格的晋升条件，防止放权之后的组织失控。
- 最后，让原 P8 以下职级员工的工资和奖金与职级脱钩，而与所在经营单元的业绩联动，试图解决 基层利益绑定 的问题。

我们可以把上述操作看成是"赶孩子出门"，这意味着阿里巴巴将不再为各类业务的亏损买单，要求子公司自挣自花。而为了防止放权之后的组织失控，阿里巴巴通过严格的职级体系来控制组织结构，防止组织膨胀。某些经营承包后的业务部门，业务发展不力，却喜欢"摆烂"，疯狂扩编、提薪、提拔干部等，在成本费用上找好处，俗称"窝里横"。这是要画好红线的，必要的时候还要严格标准。这套组合拳一来，即使各个业务条线不可能都带来惊喜，但至少"降本"的目的是在一定程度上达成了。

只不过，这种操作有两个风险：

一是经营业绩考核问题，即如何核定和平衡不同业务条线的经营贡献。 如果都用利润来一刀切，显然会错杀很多在初生期、有潜力的业务。另外，除了考虑利润，还应该考虑效能（投产比），对于那种耗费"大资源"只能打下一点儿"小利润"的经营单元，显然不应该以利润额来激励其成员（但很多企业一直在这样做）。

二是员工绩效考核问题，即如何考核员工个体的绩效贡献。 在阶梯分明的职级体系下，晋升有严格的绩效标准，如果绩效考核不能识别出真正的人才，这种变革客观上只会形成"员工的职业生涯晋升降速"的效果，影响企业的士气。

如果不解决这两个问题，"经营承包法"就极有可能形成"以包代管"的粗放模式，必然无法实现降本增效的目的。

其实，这是很多人没有想通的问题。某大集团的 CEO 曾告诉我，他们不想把子公司管得太死，只看利润就好了，承包制嘛。我反问，如果"以包代管"就能管好集团，为什么那么多集团出现了管理失控、子公司业绩不如预期的情况？如果"以包代管"就能管好集团，那要你们这么高薪的职业经理人干什么？找个实习生一样可以胜任呀。

很多人在经营管理上的经历太少了，他们的认知，局限于他们看到的小世界。

套路 4：数字化提效法

所谓"数字化提效法"，是指通过数字化技术改造企业的供给侧和需求侧，达成各个领域效率提升的效果。这是时代的大势所趋，也是诸多企业都在尝试的，在这个方向上，我们能找到诸多案例。

供给侧的数字化提效，典型的企业是宝洁（中国）。这家企业在 2018 年正式开始进行全面的数字化改革，为了满足日益变化、复杂的用户需求，供应链成了数字化改革的重中之重。主要有如下几个操作：

- **其一，通过工业 4.0 的手段，打造极致柔性的生产能力，极速回应市场需求。** 通过在线传感器实时检测、自动清洗消毒和一键转产等功能，打造出可以无人值守的"幽灵工厂"。

- **其二，通过数字化物流方式，重构物流网络，甚至将自己与合作伙伴的网络融合在一起。** 宝洁（中国）宣称，这些手段缩短了和消费者之间的流通链路，实现了物流成本降低 10%，收货效率提高 30%。

- **其三，在供应链整体数字化的基础上，推动算法的智慧决策。** 当供应链的数据都实现了在线化，就可以根据需求，协同各端快速做出最优的供应链决策，甚至实现"千场（场景）千链"。例如，宝洁过去的履约路径固定，而现在则可以根据订单结构、不同网点的库存以及供应链的响应能力，为每个订单动态分配最优路径。

需求侧的数字化提效，典型的企业是星巴克。 在"互联网思维"席卷商业世界的年代，这家 to C 巨头企业一度被外界认为可能"过时了"，但时至今日，公众才发现，它可能是在需求侧率先实现数字化改造的标杆。当外界看到"互联网思维"的套利空间时，它看到的却是更宏大的数字世界。

2015 年，星巴克的 app 设计者正式提出"忠诚优先"的概念，并推出了移动下单及支付系统（Mobile Order & Pay），从此让星巴克走上了需求侧数字化的快车道。时至今日，星巴克已经将 2000 万移动端用户锁在了自己的流量池里，变现效率也高得惊人。

一组数据很能说明问题：在新冠疫情期间，星巴克的利润增长率保持了一定的水平，下挫不多，且在 2021 年还逆势增长；相较之下，瑞幸的利润基数不大，但却受到新冠疫情冲击大幅下挫（见图 11-6）。后者以强劲的线上能力著称，但之所以有这种财报表现，不仅由于销售费用的大幅支出，需求侧的效率问题也值得探讨。例如，大量需求端的补贴是长久之计吗？如何更有效率地激活流量池？

以下是星巴克几个经典的操作：

- **拓展线上销售场景，实现了手机下单、店内取单的无缝体验。**

   这个操作的意义在于，拓展了销售场景，让个性化推荐成为可能。在星巴克这样快节奏的场景里,店员很难在线下推荐搭售产品,而一旦下单的场景转移到线上,就有了无限可能,系统会根据顾客下单的时间,结合购买历史,推荐匹配的产品。

- 个性化产品推送。全新的平台可以发送 40 万种不同类型的促销页,并向客户推送完全基于客户个人购买习惯、选择以及所在位置的产品推荐。这意味着,理论上超过 2000 万名星巴克移动端用户可以享受完全一对一的个性化内容。

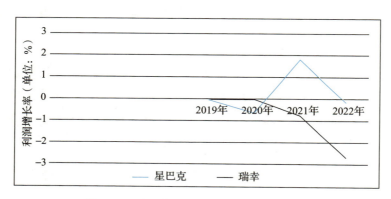

图 11-6　星巴克和瑞幸利润增长率对比图

资料来源:星巴克财报、瑞幸财报、穆胜咨询。

我相信,不少国内企业都已经把"数字化"作为主要战略,并执行了数年时间,但为何效果依然不够明显?我的观察是,大多数企业将"数字化"作为一种工具,对其寄予了太高的期望,而忽略了数字化战略落地的约束条件——组织设计。

一个明显的原因是,数据化是数字化的基建,标准化是数据化的基建。国内企业在普遍管理基础薄弱、标准化程度较差的情况下,推动数字化，效果天然就会大打折扣。

更深层次的原因在于，企业的数字化是要实现数据的公开、透明、在线，而在当前国内企业金字塔组织的设计里，部门墙等壁垒天然存在，数据在"部门的烟囱"里根本出不来。以这种组织模式去推动数字化，效果可想而知。

所以，不是数字化不行，而是组织不行。

套路5：极限成本法

所谓"极限成本法"，就是指通过技术迭代、工艺进步和流程重塑等相对直接的手段，把成本压缩到最低，以便在冰冷的市场环境里保持旺盛的出货能力。在这个方向上，典型的企业是特斯拉。

特斯拉CEO马斯克曾表示，如果成本足够低，需求便不是问题所在，因为对于绝大多数人来说，价格是限制购买的重要性因素。正因如此，特斯拉一直致力于将成本控制推到极致。

在技术上，特斯拉通过电池技术迭代（升级到4680电池及CTC电池底盘），让单车成本降低约1万～2万元。不仅如此，特斯拉在投资者大会上还表示，下一代汽车平台[一]将减少75%的碳化硅，而下一代永磁电机将完全不使用稀土材料，成本还会进一步下降。

在工艺上，特斯拉通过一体化压铸技术，减少零部件供应量，让

[一] 汽车平台的概念最早由大众提出，是指一种模块化生产的结构。汽车平台与车辆的基本结构相关，来自同一平台的不同车型具有相同的结构元素，因为它们是在相同的标准基础上设计和改进的。

单车节省 2000~5000 元。

在**流程**上，特斯拉竭力优化制造工序，尝试将电池包和前排座椅一起组装，最终实现整车只需要组装一次的效果。特斯拉将全新的生产流程称为"并行＋串行组装"。"并行"是其他工序统一为组装服务，在总装流水线两侧同时运作；而"串行"则是组装过程不再留到最后，而是根据两侧的工序先后依次组装。

截至 2022 年，特斯拉 Model 3 每辆车的成本已经降低 30%，而"下一代汽车平台"则有望再降低 50% 的成本。2023 年第一季度，特斯拉全球累计交付新车 42.2 万辆，同比增长 36%，低价销售策略已见成效。

特斯拉为什么能在技术、工艺和流程上发力？还是得益于它在这个领域的知识沉淀，说白了核心还在于硬科技实力。图 11-7 足以说明问题，在与国内"蔚小理"三大电车厂商的 PK 中，即使狂掀价格战，特斯拉在毛利率上也一直保持优势，其底气可见一斑。

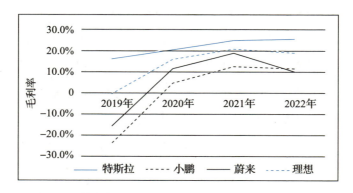

图 11-7　特斯拉、小鹏、蔚来、理想整体毛利率走势图

资料来源：特斯拉、小鹏、蔚来、理想财报，穆胜咨询。

有意思的是，据业内消息，另一家国内超大型车企在面对价格战时，居然召集了所有供应商，强行要求大家降价18%。这一"简单粗暴"的做法，完全让供应商们凌乱了。仔细想想，如果这种粗暴压价导致供应商无利可图，难道不会诱使它们降低品质、以次充好？这种行为难道不会影响该企业产品的市场口碑？

所以，极限成本法一定是建立在技术实力的基础上的，否则就会陷入短期主义的陷阱，导致企业走向歧途。

企业浪费的病灶

上述套路显然都是行之有效的办法，但我更想讨论一下降本增效的本质——企业的浪费究竟来自哪里？

上述五个套路中，数字化提效法和极限成本法有一定的实施门槛，需要企业的管理、技术达到一定水平方可实施；但战略聚焦法、组织增压法和经营承包法则几乎适于所有企业。从后面三种方法中，我们似乎也可以看到企业浪费的根源——收入成本化，成本费用化。

这里，有必要从财务角度进行简单解释。收入主要是企业收到的、来自客户的钱；成本则是企业为了交付产品、服务或解决方案而支出的钱，如产品的材料成本、人工成本等；而费用则是公摊的、为了维护企业运营的各类支出，如行政人员的工资、办公费用等。成本和费用都是企业支出的钱，但区别在于成本是进入到产品、服务或解决方案里，可以转化为收入的，而费用则似乎就凭空消失、被公摊掉了。

所以，在会计学上有个说法——"成本是可以对象化（到服务、产品、解决方案里）的费用，费用是不能对象化的成本"。

理解了上述概念，我们就可以解释前面提出的企业浪费的根源。

所谓**"收入成本化"**，即浪费严重的企业由于没有找准战略定位，误入了非核心赛道，需要投入大量的成本来换取有限的收入。例如，某些互联网企业为了实现用户增长而疯狂进行补贴，但发放补贴吸引的大量用户消费能力有限，实际上并不能在多大程度上转化为收入。不仅如此，这类用户的黏性建立在补贴的基础上，补贴一旦停止，他们就会离开。最后尴尬的就是，成本虽然看似转化为了收入，但怎么看都是不划算的。有意思的是，一旦说到要削减这部分支出了，会有一大群利益相关者跑出来反对，讲出"如果没有这笔支出，会如何如何"的恐怖故事。一部分人是需要这笔支出去支撑他们的 KPI，另一部分人则是希望在大笔的支出里中饱私囊。

所谓**"成本费用化"**，即成本支出缺乏确定性目的，沦为了费用，为了支出而支出，形成了大量无意义的浪费。例如，某些企业在激烈的商战中，投放了大量的形象广告，支出了大量的营销费用。形象广告的投放，主要是起到"品（牌）"而非"效（果）"的作用，也很难做到"品效合一"。说它有用吧，好像没多大作用，说它没用吧，好像又有点儿用。一旦说到要削减这部分支出了，自然也会有大量的反对者。如果老板尝试要把这部分费用对应到产品、服务或解决方案里，将它们精细化为成本，相关的职能部门会有一万个理由证明这"不可能"。当然不可能了，"不把账算清楚"是很多员工最喜欢的状态，算清楚了，自己还有什么"空间"？更致命的是，这类费用支出还有逐年膨胀的趋势，根本停不下来。费用多了，中后台部门，尤其是后台部门的规模会越来越大，也是根本停不下来。

上述问题，相信不少身处企业里的读者朋友会感同身受，这也不禁让人追问——是什么造就了这种浪费？有人简单归咎于企业里各部门、各级管理者不够专业、能力不足或意愿不够，导致了上述浪费。但这样的归因似乎太简单了点儿。不少老板也在经济下行压力加大的情况下发出了"二次创业""降本增效""去肥增瘦""提质增效"的疾呼，甚至发起了专项运动。但如果这样的呼吁有用的话，问题也太好解决了，这些专项运动有很大可能最后不了了之。

要搞清楚企业浪费的根源，我们需要先回答两个问题，得到了答案，才能精准定位病灶。

第一个问题，在当前的经济形势下，究竟有多少企业开始采用严格的零基预算法？显然，答案是"极少"。 这个问题是为了探测这种"根源"的深度，道理很简单，如果在这样严苛的经济形势下，企业还不改变，那么这种"根源"可能是某种无法轻易撼动的东西。

第一章已经介绍过绝大多数企业使用的增量预算法，这种预算模式是按照上一年的数据，对经营业绩的预期做一个增幅或减幅。不管企业宣称自己的预算有多科学，我们实际观察到的就是"一样的配方，熟悉的味道"。

问题是，经济形势都这个样子了，企业难道不应该用零基预算法来重新校对一下投入产出吗？企业之所以没有这样做，有两个原因：

其一，如果要这样玩，就意味着老板要重新思考自己的生意。 而人天然是不愿意思考的。美团的王兴说："多数人为了逃避真正的思考，愿意做任何事情。"这句话可能只说明了不思考的现象，而不思考的真正原因是，太多人不愿承受"创新的风险"和"改变的不适"，保持原状就是他们的最优策略。

其二，如果要这样玩，就意味着资源的重新分配，但金字塔组织内的利益格局是很难撼动的。 举例来说，某企业明明知道在某个业务上继续投入是不划算的，但问题是，业务负责人在老板那里依然有话语权，业务队伍也还在，于是，资源的投入还得继续。这里，主打的就不是效能了，而是人情世故。

于是，在口口声声喊着要"降本增效"的情况下，企业依然会沿着过去的预算轨迹行动。不同的是，老板会通过一些"运动式"的降本增效，节约一些快递费、卷纸费、塑料袋钱，传递一下"寒气"，缓解一下内心的焦虑；相同的是，继续浪费大量的真金白银的支出，而既得利益者们几乎不会有任何的损失。吊诡的是，一去一来后，既得利益者们甚至会认为自己和老板已经达成了某种默契。而后，当他们的低效超过了老板容忍的阈值，后者又会痛下杀手，那时，又会出现关于"老板无情"的抱怨。

第二个问题，如果企业成功地实施了上述降本增效套路，未来还有没有可能反弹呢？答案显然是"有"。 这个问题是为了精准定位这种根源，道理也很简单，那些让改变反弹回去的力量，就是我们需要面对的"企业浪费的根源"。

使用极限成本法，技术、工艺和流程不可能持续领先，必须要持续迭代创新，但企业是否有足够的动力？使用战略聚焦法，企业可能瞄准主战场，但这种聚焦会不会随着时间的推移而分散？使用组织增压法，精简的中后台会不会被重建？使用经营承包法，就算是将经营责任下沉了，那会不会有无数的业务单元主张自己是"战略性亏损"，要求集团来补贴？

其实，金字塔的组织结构天然就是一个"浪费的结构"。在这样的结构里，每个人都在自己的分工和授权范围内做事，大量的人员是不直接面对市场的，经营压力与他们无关。由于效能（投产比）并不是关注的重点，组织内所有人的最优策略选择都是要"大资源"，来打"大目标"。一方面，有了大资源才有在组织内的"权利[一]空间"；另一方面，对于大量缺乏经营才华的人来说，有了大资源才有达成目标的机会。至于"大资源"能不能真正换来"大目标"，这要看天、随缘了。

理论上说，只有企业关注财效和人效，让两类效能结果在很大程度上决定激励，实现科学的效能管理，上述浪费才有可能被叫停。因为，无论谁在提出增加人财两类预算的需求时，都相当于自动为自己增加了一个业绩要求。可以说，效能管理才是让"员工心态"转变为"老板心态"的有效方法，而企业只有让员工从"员工心态"转变为"老板心态"，才能真正意义上持续实现降本增效。

但问题是，在金字塔组织里真的可以实现效能管理吗？可能未必有那么简单。金字塔组织里，仅对于少部分面对市场的前台业务单元，能够相对公允地考核产出及其效能，而对于中后台职能部门，则很难实现公允考核，它们的产出都是一些领域内的任务而非经营结果，换言之，它们天然与前台是割裂的。在第六章里，我曾提出过让中后台职能部门的业绩联动经营业绩的观点。这里我想补充的是，如果没有

[一] 权力和利益。

组织上的变革，这种联动的难度极高。

我们应该期待这样的组织变革（见图11-8）：中后台的人员以业务伙伴的形式被极度地挤压到前台，与前台人员形成各种各样的经营单元，并主要根据经营结果获得激励，同时不能逾越效能红线；而中后台留守人员，其业绩也与前台有映射、嵌套、互锁等紧密联动关系，他们主要根据效能获得激励，同时激励的总量来自前台经营结果的分享。这样一来，我们就真正地做到了让所有部门"力出一孔，利出一孔"，更可以做到"人人都是自己的CEO"。

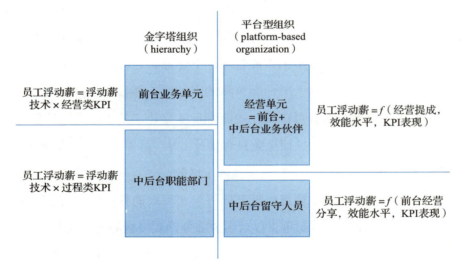

图11-8　两种组织的架构与激励对比

资料来源：穆胜咨询。

请注意，这样的组织就形成了一个反浪费的动力机制——费用成本化，成本收入化。因为中后台职能部门必须要提升输送资源的效能，尽可能地让费用变为成本，尽可能地让成本变小；而前台在拿到了成本形成的弹药后，必须要投入战斗，用它们来获得尽量多的战果，即实现收入，他们也在为效能负责。这样的组织，既是增压的状态，又承包了经营，还会自动校准市场，聚焦战略。

写到这里，相信读者已经明白了我的用意。本书开篇曾经在探讨战略时剑指组织，并指出不少企业希望绕过组织变革来抓人效管理。当时，我明确提出人效管理就是渐进的组织变革，意思是，该来的组织变革始终会来，人效管理的量变最终会带来质变。而后，每个章节里提到人效管理时，我给出的解决方案都多多少少会涉及组织层面的变革尝试，或者为这种组织变革打下了某些基础。也就是说，我们用人效管理体系里的若干碎片内容，构筑了一张组织变革的全景图。

"人效"支持"组织"指向"战略"，这就是我浓缩的管理世界观。

附 录

附录 A 穆胜咨询人效管理研究大事记

我们尝试以穆胜咨询的人效管理研究经历为主视角，盘点人效管理在中国的发展进程。

一、萌芽期（1998～2012年）

先知先觉的企业家隐约认识到人效的重要性，为产学研各界的管理认知打开了新世界。

1. 企业家管理思维萌芽，开始重视人均效益

1998年，任正非在《不做昙花一现的英雄》一文中首次提及"人均效益"，并尖锐地批评华为在这个指标上表现不佳是"由无效管理造成的"。

2008年，张瑞敏肯定了时任海尔集团副总裁柴永森提出的"以目标定编，以实际定员"，实际上这就是一种人效管理方式。

2. 互联网商业浪潮推动，头部企业关注人效

萌芽期先锋企业的影响一直在中国商业社会里延续。后续随着互联网商业浪潮兴起，高速成长的互联网企业也开始重视人效，阿里巴

巴、字节跳动、美团等一线互联网企业纷纷以不同形式提及人力资源的"投产比",人均 GMV 成为主要指标。

二、架构期（2013～2020 年）

这个阶段，穆胜博士频繁发表研究成果，提出了多个重要模型，涉及人效的概念、方法，穆胜咨询也开始定期披露人效数据，为这一领域搭建了理论基础和操作模板。

1. 两位学者率先破局，重新锚定人效概念

2013 年，穆胜博士和彭剑锋教授两位学者分别在《中国人力资源开发》杂志上发表文章，将人力资源效能定义为"投产比"（efficiency），而非人力资源专业传统认知的"有效性"（effectiveness），这打开了人力资源推动经营的大门，宣告人力资源专业进入"效能时代"。其中，穆胜博士发表的《人力资源管理的"云范式"革命》以人效为目标，设想了一种全新的人力资源专业体系，精准预言了这个专业的进化方向。

2. 穆胜博士抛出"人效管理模型三件套"

2014 年，穆胜博士在《中外管理》杂志 7 月刊上发表了《HR 需要"效能仪表盘"》一文，首次提出经典的"人力资源经营价值链""人力资源战略地图"和"人力资源效能仪表盘"（HED）人效管理模型三件套，为穆胜咨询的人效管理方法论体系打下了基础。

3. 穆胜博士提出"人力资源效能矩阵 1.0"

2018 年 6 月 23 日，在《中外管理》杂志举办的第 12 届中外管理

人力资本发展论坛上，穆胜博士发表了题为"人力资源战略地图：跨越人力资源动作与经营结果的彩虹桥"的主旨演讲，正式披露了"人力资源效能矩阵 1.0"模型，界定了宽口径人效指标的几种类型。这一模型后续被频繁引用，成为第一代人效指标的来源。

4. 穆胜博士提出"管理双杀效应"

2019 年，穆胜博士在《中欧商业评论》杂志 2 月刊上发表了《警惕财务与 HR 效能的"双杀效应"》一文，提出了人效与财效相互影响的"管理双杀效应"。后续，穆胜咨询通过对 A 股上市公司的大样本研究发现，在有互联网属性的企业里，人效每变动 1 个单位，财效同向变动 4.33 个单位。这一研究成果让人力资源专业的影响力进一步扩大，为后续 HR 推动经营打下了基础。

5. 穆胜博士提出"让 HR 推动经营"

2020 年，穆胜博士在《中欧商业评论》杂志 11 月刊上发表了《人效：HR 推动经营的支点》一文，提出以人效为支点，用人力资源工作推动经营的思路。这篇文章宣告人力资源工作进入了新代际。

6. 第一本真正意义上的人效报告发布

2020 年 11 月 20 日，穆胜咨询在自己主办的"第一届中国企业人力资源效能论坛"（主题为"论战人效，重塑专业"）上，发布了《2020 中国企业人力资源效能研究报告》。这是中国第一本真正以人效（投产比）为主题的研究报告，而后，穆胜咨询每年发布一次该报告，为企业提供了大量可供参考的人效决策数据。

7. 穆胜博士重提"人力资源战略"

2020年，穆胜博士在《中欧商业评论》杂志12月刊上发表了《人力资源经营的三种战略》一文，重提过去一度流行的"人力资源战略"，但却是从"核心人效"的视角出发，明确了"赋能型""激励型""混合型"三种人力资源战略类型。

三、实践期（2021年至今）

当人效管理的理论大厦搭好了框架，一大群先锋企业开始迫不及待地进行实践，这也激发了穆胜咨询等研究机构的创作和赋能热情。

1. 穆胜博士持续发布人效管理重磅内容

2021年，穆胜博士在《中欧商业评论》杂志2月刊上发表《人力资源战略的自由空间与禁区》一文，基于人力资源战略的理念，继续发展出人力资源战略制定的方法论。

2021年，穆胜博士在《中欧商业评论》杂志3月刊上发表《人力资源战略地图：化战略为行动》一文，基于人力资源战略的理念，提供了将人力资源战略解码为地图的系统方法。

2021年，穆胜博士在《商业评论》杂志4月刊上发表《挖掘人效红利的五大空间》一文，总结大量样本，提供了人效提升的数种实用方法，让传统人力资源工作与人效主题紧密结合。

2022年，穆胜博士在《商业评论》杂志10月刊上发表《人力资源战略的三大决策点》一文，随后被《新华文摘》转载。该文章继续以人效为主题，在人力资源战略领域，给出了三个影响战略选择的关键决策点。

2023 年，穆胜博士在《哈佛商业评论》（中文版）杂志 3 月刊上发表《人效矩阵 2.0：挖掘经营红利》一文，正式披露了"人效矩阵 2.0"模型，界定了四类穿透生意的高阶人效指标。

2023 年，穆胜博士在《哈佛商业评论》（中文版）杂志 8 月刊上发表《破除"中台化"误区，两大新原则考核中后台》一文，一针见血地指出，中后台应该考核人效和财效，并给出了相应模型和方法。

2023 年，穆胜咨询发布了零售、房地产、环保、汽车、能源等十余个行业的人效研报，进一步为企业提供人效决策的深度数据。

2. 穆胜博士人效三部曲面世

2021 年 3 月，穆胜博士在机械工业出版社出版"穆胜人效三部曲"之一《人力资源效能》，将穆胜咨询在人效管理领域的相关理论和方法体系进行了整合。该书一经推出便受到专业人士热烈追捧，短期内多次重印，一度登顶京东管理类图书销量榜榜首。

2023 年 1 月，穆胜博士在机械工业出版社再次出版"穆胜人效管理三部曲"之二《人效管理》，提供了人效管理领域更多的数据化操作方法，进一步丰富了穆胜咨询的"人效管理大厦"。该书同样在短期内多次重印，同样一度登顶京东管理类图书销量榜和新书热卖榜榜首。

两本著作的推出，赢得了大量企业实践者的认同，甚至被誉为"企业实操人效管理的教科书"。

2024 年，穆胜博士继续在机械工业出版社出版"穆胜人效三部曲"之三《人效战略》，宣告这一理论与方法体系正式竣工。

3. 企业开始人效管理实践

2021年3月至11月，华住集团启动组织升级项目，在全季和汉庭两个事业部选取了若干经营单元，尝试导入穆胜咨询的平台型组织方案。在对经营单元进行授权的方案里，穆胜咨询导入了基于人效和财效的授权模式。

2022年6月，金风科技（股票代码：SZ002202、HK2208）启动人效管理项目，项目内容是导入穆胜咨询的全套人效管理系统方法，首期试点选取了金风科技旗下子公司金风慧能。2023年3月4日项目圆满结案。

2023年8月，金风科技人效管理项目第二期启动，试点是旗下子公司天源科创。

2022年8月，字节跳动发布了"企业效能咨询顾问"的岗位，岗位具体描述是"为中大型企业集团提供企业人力系统效能提升规划、人力系统数字化转型等方面的IT咨询服务"。该岗位可能是第一个以效能管理为主要工作内容的岗位。

4. 国资委吹响人效管理号角

随着人效管理理论与实践的快速发展，国资监管机构也将其视为监管企业的有效抓手。2021年，全员劳动生产率被纳入央企的考核指标；2022年，国资委提出全员劳动生产率再提高5%的目标；2023年，国资委强调要进一步提升全员劳动生产率，最大限度发挥广大员工的价值创造能力。

这段时间，中国建筑集团（简称中建集团）、鞍钢集团、保利集团等各个行业的头部国企，积极贯彻国资委上述文件精神，通过机构精简、编制压缩、机制优化等方式提升人效，得到了国资委的肯定。其中，中建集团尝试构建了一套人效指标体系，并收集数据建立了从整体到局部（施工、地产、设计等职能）的对标数据库，可谓人效管理味道最浓的企业。

5. 头部咨询机构纷纷入局人效管理市场

知名咨询机构也敏锐地捕捉到了市场的这一需求，纷纷入局人效管理市场。

2022年9月，麦肯锡发布了《数字化劳动力：全力激活人效潜能，助力企业行稳致远》白皮书，对中国劳动力市场及模式进行了深入研究，开始正式涉足人效管理。

2022年11月，美世咨询提出了人效基础诊断框架和解决方案思路的框架模型，也开始阐述自己对人效管理的理解。

6. 劳动力管理企业加速成长

2021年起，科锐国际（股票代码：SZ300662）、人瑞人才（股票代码：HK6919）、中智集团、霖珑云科等多家人力资源服务机构将自己定位为"劳动力管理服务机构"[一]，并紧跟潮流地聚焦如何通过劳动力管理和提供人力资源周边服务的方式，为企业提升人效。与此同时，这类企业不约而同地以各种形式提出，人力资源数字化将是人效

[一] 当然，这些企业可能有不同的描述方式。

升级的关键所在。

依赖甲方对于提升人效的强烈需求,这类企业一度成为资本市场的宠儿。科锐国际估值一度达到 16.97 亿元,投资者名单中不乏经纬中国这类头部机构;而人瑞人才则在港股市场上表现出色,市值一度高达 80 亿元,直到 2021 年中才开始回落(见图 A-1)。

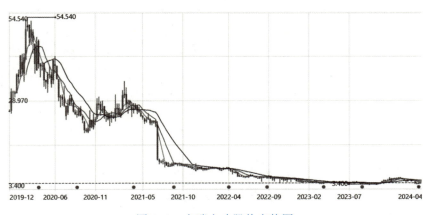

图 A-1　人瑞人才股价走势图

资料来源:东方财富网。

200　附录

萌芽期（1998~2012）

企业家管理思维萌芽，开始重视人均效益

1958
任正非在《不做昙花一现的英雄》一文中尖锐批评华为在"人均效益"上表现不佳是"由无效管理造成的"。

2008
张瑞敏肯定了时任海尔集团副总裁柴永森提出的"以目标定编，以实际定员"，实际上就是一种人效管理方式。

互联网商业浪潮推动头部企业关注人效

阿里巴巴、字节跳动、美团等一线互联网企业纷纷以不同形式提及在人力资源上的"投产比"，人均GMV成为主要指标。

两位学者率先破局 重新锚定人效概念

2013
穆胜博士和彭剑锋教授两位学者分别在《中国人力资源开发》杂志上发表文章，将人力资源效能定义为"投产比（Efficiency）"，宣告人力资源专业进入"效能时代"。其中，穆胜博士发表《人力资源管理的"云范式"革命》以人效为目标，设想了一种全新的人力资源专业体系，精准预言了这个专业的进化方向。

穆胜博士抛出"人效管理模型三件套"

2014.7
穆胜博士在《中外管理》杂志上发表《HR需要"效能仪表盘"》一文，首次提出"人力资源经营价值链""人力资源战略地图"和"人力资源效能仪表盘（HED）"经典的人效管理模型三件套，为穆胜咨询的人效管理方法论体系打下了基础。

穆胜博士提出"人力资源效能矩阵1.

2018.6
穆胜博士在《中外管理》杂志办的第12届中外管理人力资源发展论坛上发表名为《人力资源战略地图：跨越人力资源动作经营结果的彩虹桥》的主旨演讲，正式披露了这一模型，界定了口径人效指标的几种类型。模型后续被频繁引用，成为代人效指标的来源。

3
穆胜博士在机械工业出版社出版"穆胜人效三部曲"之三《人效战略》，宣告这一理论与方法体系正式竣工。

2024

2023.8
穆胜博士在《哈佛商业评论》（中文版）杂志上发表《破除"中台化"误区，两大新原则考核中后台》。

金风科技人效管理项目第二期启动，试点是旗下子公司天源科创。

2
穆胜博士在机械工业出版社出版"穆胜人效三部曲"之二《人效管理》，提供了人效管理领域更多的数据化操作方法，进一步丰富了穆胜咨询的"人效管理大厦"。

2023.3
穆胜博士在《哈佛商业评论》（中文版）杂志上发表《人效矩阵2.0：挖掘经营红利》，正式披露"人效矩阵2.0模型"。

2023.1

2023
2023年，穆胜咨询发布了零售、房地产、环保、汽车、能源等十余个行业的人效研报，进一步为企业提供人效决策的深度数据。

国资委强调进一步提升全员劳动生产率，最大限度发挥广大员工的价值创造能力。

穆胜人效三部曲面世

头部咨询机构纷纷入局人效管理市场

2022.11
美世咨询提出了人效基础诊断框架和解决方案思路的框架模型，开始阐述对人效管理的理解。

2022.10
穆胜博士在《商业评论》杂志上发表《人力资源战略的三大决策点》，被《新华文摘》转载。

202
麦肯锡发布了动力白皮书：效潜能，助力远》。

企业开始人效管理实践

实践期（2021年至

*我们尝试以穆胜咨询的人效研究经历为主视角，盘点出人效管理在中国的发展进程。

附录A 穆胜咨询人效管理研究大事记 201

穆胜咨询人效管理研究大事记

架构期（2013~2020）

穆胜博士提出"管理双杀效应" 2019.2
穆胜博士在《中欧商业评论》杂志上发表了《警惕财务与HR效能的"双杀效应"》一文，提出了人效与财务相互影响的"管理双杀效应"。

劳动力管理 企业加速成长 2020
2020年前后，中智集团、科锐国际、人瑞人才、霖珑云科等多家人力资源服务机构将自己定位为"劳动力管理服务机构"，聚焦如何通过劳动力管理的方式，为企业提升人效。与此同时，这类企业不约而同地以各种形式提出，人力资源数字化将是人效升级的关键所在。

穆胜博士提出"让HR推动经营" 2020.11
穆胜博士在《中欧商业评论》杂志上发表《人效：HR推动经营的支点》一文，提出以人效为支点，用人力资源工作推动经营。这篇文章宣告了人力资源工作进入了新代际。

第一本真正意义上的人效报告发布
穆胜咨询在"第一届中国企业人力资源效能论坛"上发布了《2020中国企业人力资源效能研究报告》。这是中国第一本真正以人效（投产比）为主题的研报。而后，该研报每年一发布，为企业提供了大量可供参考的人效决策数据。

穆胜博士重提"人力资源战略" 2020.12
穆胜博士在《中欧商业评论》杂志上发表了《人力资源经营的三种战略》一文，重提过去一度流行的"人力资源战略"，但其视角却是从"核心人效"的角度出发，明确了"赋能型""激励型""混合型"三种人力资源战略类型。

2021
国资委将全员劳动生产率设为央企的考核指标。

2021.2
穆胜博士在《中欧商业评论》杂志上发表《人力资源战略的自由空间与禁区》。

2021.3
穆胜博士在《中欧商业评论》杂志上发表《人力资源战略地图：化战略为行动》。

2021年3月至11月，华住集团启动组织升级项目，在全季和汉庭两个事业部选取了若干经营单元，尝试导入穆胜咨询的平台型组织方案。在对经营单元进行授权的方案里，穆胜咨询导入了基于人效和财效的授权模式。

2021.4
穆胜博士在《商业评论》杂志上发表《挖掘人效红利的五大空间》。

2021
穆胜博士在机械工业出版社出版"穆胜人效三部曲"之一《人力资源效能》，将穆胜咨询在人效管理领域的相关理论和方法体系进行了整合。

2022
国资委提出全员劳动生产率再提高5%的目标。

2022.6
金风科技启动人效管理项目，项目总内容是导入穆胜咨询的全套人效管理系统方法，首期试点选取了旗下子公司金风慧能。2023年3月4日圆满结束。

2022.8
《数字化劳全员激活人企业行稳致

2.9
《"数字化劳全员激活人企业行稳致讯顾问"的岗位，该位可能是以效能管理作主要工作内容的第一个位。

（今）

附录 B　以人效附加值评估企业人效水平

不少 HR 朋友都在关注人效，但大家关注人效的方式普遍都很局限，无非是计算出自己企业的各种人效指标，再和自己的历史水平进行比较。比较出来的结果也很好解释：如果人效提升了，那一定是业务做得好或者人力资源工作做得好；如果人效降低了，那一定是当前遇到了业务发展的困难，必须要给予人力资源部更大的管理权限。

坦白讲，我们遇到的 90% 以上（可能我还保守了一点儿）的企业都会使用这种方式来呈现和解释自己的人效。陈述终了，一般还会加上一句："我们很早就开展人效管理工作了，我们的人效是非常优秀的。"听到类似陈述以后，我们一般也就笑笑，不再继续对话。为什么呢？因为大家的"坐标"不同，没法讨论。

要谈人效，必须有对标数据，不能仅仅看自己的数据。如果关起门来看自己，你把自己描述得多优秀都可以，但这没有意义。

对于希望客观评估自己人效水平的企业，穆胜咨询通常建议它们采用人效附加值（HR efficiency added，HEA）这一指标。该指标类似经济附加值（economic value added，EVA）分析，剔除了人效基本盘的数据，用以评价人力资源职能对于企业人效的真正增量贡献。穆胜咨询认为，HEA 是衡量一个企业资源管理水平的最没有争议的口径。

2022年11月2日，穆胜博士受邀参加中海物业集团2022年人才工作会，在深圳为其班子成员、各分公司业务一把手和HRD带来了"人效管理——经济紧缩期如何布局'人力筹码'？"的专题培训。培训会上，穆胜博士首次提出了这个指标，也引起了与会听众的强烈共鸣。

让我们来认识一下这个指标。简单来说，这个指标就是**将企业的人效值剔除了正常增长后，得出的该企业人力资源体系的"额外贡献"（见图B-1）**。

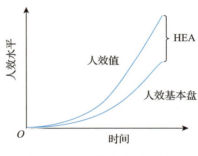

图 B-1　人效附加值（HEA）

资料来源：穆胜咨询。

这里要解释一下什么叫"正常增长"。所有的企业随着自己的发展，人效都应该逐渐提升，人效提升的内在动力有规模经济、范围经济、学习曲线、技术进步等。这种增长就是一种"人效基本盘"，不能算作企业人力资源体系的贡献。

如何计量人效基本盘呢？

一方面，我们要找出企业的人效基础水平，即企业前一个经营周期内的人效水平。当然，某些企业在前一年里可能因为缩编、裁员、降薪等异常事件出现人效波动，此时，可能就需要把时间扩展到过去数个经营周期，用技术方法提取一个合理值，以便剔除波动。

另一方面，我们要估算出企业的正常增长趋势。什么叫正常增长趋势？

一是看企业人效的自然增长。例如，过去五年里企业的某个人效指标以 5% 的复合增长率在增长，那么，这 5% 就不能算作人力资源体系的额外贡献，而只是一种势能，维护住这种势能是应该做到的。

二是看行业人效的自然增长。我们可以选择行业内的头部企业作为基准，用技术方法选取一个合理值。这里，企业可以根据自己的战略定位，以及衡量人效的目的，来决定选取的基准企业，或使用的技术方法。例如，某个企业将自己定位为行业头部，那么就一定要选取行业的其他头部企业作为基准，而且应该剔除这些基准里因为种种原因形成长期低人效的"差等生"样本（尽管在业绩上仍然可以算是头部企业）。

在企业人效自然增长和行业人效自然增长中，我们应该选择一个就高的数据。道理很简单，企业做到了，行业没做到，那么，这是企业过去的势能，应该剔除；行业做到了，企业没做到，那么，这是企业过去的欠账，本来就应该补上。将这个数据与企业人效基础水平相加，就形成了企业的人效基本盘。

另外值得一提的是，我们还应该考虑一个"分离系数"。这个数据相当于一个调节系数，剔除的是企业和行业之外的宏观利好因素。举例来说，国家突然出台政策支持某个产业，但行业内的竞对普遍还没有消化这种利好，没有形成足够的人效增长，但我们也应该将其作为对该企业的要求提出。在实践操作中,穆胜咨询有一套确定分离系数的方式,这里限于篇幅,就不一一展开了。综上所述,计算人效附加值的公式如图 B-2 所示。

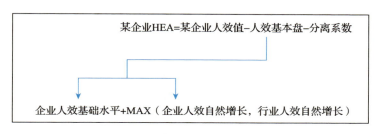

图 B-2　人效附加值(HEA)公式

资料来源:穆胜咨询。

我为企业介绍这个指标时,常常会遇到一个提问——HEA 可以用于不同行业间的比较吗?

显然,直接比较是没有意义的,就如同在蹦床和平地上比跳高,肯定不公平。我们需要对这个指标进行一个简单处理,即人效实际增长率 =HEA/ 企业人效基础水平。人效实际增长率这个指标表示,企业的人力资源体系创造的人效实际增长占原有人效基础水平的比率。一般来说,这个指标可以跨行业比较人效管理的水平。

HEA 是一个比较残酷但公允的指标,它力图衡量人力资源体系的真正贡献。这里的人力资源体系,并不是仅指人力资源部,而是指以人力资源部为执行机构的、包括从上到下的人力资源管理参与者的一套运作体系。我们希望通过 HEA 看到的是,这个体系究竟是在亦步亦趋地当后勤,还是开拓进取地做经营。所以,它剔除了能剔除的所有与这个体系的主观努力无关的势能。

我的建议是，股东、投资机构、监管机构可以使用该指标，真实地衡量企业的人力资源专业水平和人效水平，以此对企业的经营者进行激励和约束，并判断企业未来的发展趋势。同时，企业也可以使用该指标对自己人力资源一把手的专业水平和业绩进行判断。另外，人力资源一把手也可以用这个指标来"照镜子"。上述应用场景中，一旦出现跨行业比较，就可以用人效实际增长率来对HEA进行替换。

目前，大量企业开始关注人效管理，但实际的理念和方法还处于起步阶段。相信随着人力资源专业的进步，会有越来越多的人看到HEA这个指标的决策价值。

附录 C 泛行业人效数据有什么决策意义

"穆老师，你们 2022 年的人效研报啥时候出呀？"

2022 年 7 月，一个听过我课的企业 HRD 又来催更，这已经是他近两个月的第三次催更了。不仅是催更，还不断与我确认本年的研报会增加哪些内容。这让我有点儿好奇——人力资源部要忙的事情很多，他为什么花费心思来关注这份报告？

于是，我准备好好与他聊聊。这一聊就根本停不下来，我花了整整 1 个多小时来听他的故事。我发现，这位在 2022 年这个特殊年份依然获得公司大幅加薪的 HRD，身上还真有点儿东西，他让我看到了人力资源专业的希望。

你们给的是一把刀

这位 HRD 告诉我，他们企业是一家年营收数十亿元的 to B 企业，自己担任人力资源负责人已经三年多了。最开始使用人效研报，还是因为老板关注这个话题，提出了若干问题——我们的人效水平如何？如何提升人效？

"我最开始的朴素希望是，这份人效研报能有我们行业的数据，让我可以直接对标。"他直言不讳。

"但你应该知道，我们是一家专业导向而非行业导向的咨询机构，我们的研报统计的是泛行业数据。定制研报是一种情报服务了，价格应该不是你们愿意接受的。"我也直言不讳。

"总要试试嘛，我是捡漏心态，万一有我需要的人效数据呢？"他笑了笑。

"你找到了吗？"我问道。

"找到了，穆老师，你们给的是一把锋利的刀，能不能用好，还是看自己的招式。我用这把刀，狠狠地给老板秀了秀招式，帮他纠正了一下认知。"电话那头的他似乎有点儿得意。

他接着说："举例说吧，我们老板喜欢说对标，一直坚持用我们的人效数据去对标刚进入行业的竞争对手。还说，我们都干了六七年了，人效还搞不过新兵，这是人力资源工作的失误，要求直接用对手的人效标准来定我们的人效指标、来分配人力投入。我总是感觉这样比不对，但又说不出哪里不对。你们的研报给了一个结论——在我们这样的非成熟行业、新赛道，幼儿期的企业更有人效优势。我也向老板给出了你们的解释——行业迟早会成熟，那个时候我们成熟的管理会释放出人效优势，现在的投入，其实是在静待花开。"

我很好奇地问："老板认可了吗？"

他笑着说："有你们的规律性数据，他没有说我对，但至少放弃了直接对标的冲动。我们的工作终于不用去'送死'了。"

他继续说："你们的这些规律性数据，是需要有心人去使用的，照本宣科没有用，关键在于理解，要吸收为自己的东西，才能去影响老板。再比如说，我们老板在长江商学院读书，同学之间相互比较公司人效后，他很郁闷，回来就发火了。"

"你们的人效太低，老板没面子？"我猜道。

"那是相当没面子！我们好歹也是智力密集型企业吧，同口径人效居然比人家做大消费的高不了多少。于是，我又抛出了你们的研报结论——与劳动密集型企业相比，智力密集型企业的人效优势并不明显，样本差距不足 5%。影响人效的关键在于组织与人力资源管理水平。"

"你们老板怎么回应？"这种对老板的直接反馈，让我有点儿担心他。

"可能点到了他的痛点，他自己感觉他那个同学在组织与人力资源工作上确实更用心，于是带我们去实地学习了一下。这一去，借他同学的嘴，还真说出了不少我们想说的话。人力资源工作当然更好做了。"

我还发现了几把尺子

想来，这位 HRD 已经在人效问题上建立了自己的专业人设。但只是"教育老板"可不行，还得有实实在在的专业提升呀。

于是我问："这份研报对你们的人力资源工作有什么具体的指导呢？"

他认真回应道："这是我关注的重点。您也知道，我们传统的人力资源工作都是埋头干事，选用育留都有经典的套路嘛。但具体做得如何，老板要认可就认可，不认可也可以挑出各种毛病。这就让 HR 很被动，于是，我就思考能不能明确量化我们的'专业性'。"

这个思路我并不意外，于是回应道："太多 HR 都跟我聊过这个思路，但他们做出的'量化'，很容易被认为是另一种'自嗨'。"

"对！所以我需要你们的数据来做尺子。还是举个例子吧，你们的报告披露，泛行业的名义晋升率大概是 29.1%，实际晋升率是 17.3%。相当于企业承诺的晋升，只可能兑现 60% 左右。我就在想，我们是智力密集型企业，至少不能比 17.3% 的水平低吧，但过去三年我们的这个数据平均只有 12% 左右。显然，这会导致我们失去人才竞争力呀。"他娓娓道来。

这让我产生疑问："话是没错，但要改变就要多晋升，就意味着需要多支付人工成本。老板愿意吗？尤其是在这个大环境下。"

说到这里，他有点儿得意："我做了三件事，一是想办法统计了一个竞争对手的实际晋升率，人家是 15%；二是统计了提升 3% 的晋升率需要支出的人工成本额，这个数字其实没有想象的大；三是统计了我们在招聘费用上的持续支出，这个数字反而让老板大吃一惊。"

我点点头："三个数据放出来，老板应该不难决策。但以我的经验，他肯定不会只给支出，有没有要求你做点儿其他的'节流'工作？"

"哈哈，您算是了解老板这个群体的。他当然要求了，他说，可以增加晋升范围，但必须给到那些真正创造价值的，对于'划水'的人，要清除！"他说得有点儿兴奋，我也没有打断。

"于是，我又用到了你们研报的一个指标——激励真实指数。你们给出的基线是 5%，也就是，员工绩效考核得分的变动部分应该至少占总分的 5% 以上。我们的这项指标是 3%，绩效考核必须改！不改怎么量化员工的贡献？怎么知道该裁谁？老板看到数据也深受震撼，他以前不太重视这块，怕考核狠了有矛盾，我提了几次都被否了。但有了这个数据，他的态度就松动了。于是，我就从战略解码开始抓，抓到个人考核，直接把这个工作推动了。"

随后，他还介绍了根据研报的人才流动数据判断人才市场涨落、进行薪酬支付策略调整的操作。人家说得丁是丁，卯是卯，我感叹，这种 HR 才是老板的左膀右臂呀……

关键是认知

我问："很多 HR 说人力资源工作不受重视，很委屈，你怎么看？"

他说："我不同意，老板不重视人力资源，关键是他不认可 HR 的认知水平。就像您课堂上讲的，老板喜欢谈生意，但 HR 喜欢谈自己的专业，这本来就是个矛盾。老板不可能改变，那么，HR 只能先懂生意，再基于生意的逻辑来呈现专业。话说回来，没有生意，我们的专业又有什么意义呢？"

我颇感欣慰，不破不立，这个专业的确需要被重新定义。

他感叹："其实，你们的这份研报，给我带来的更多还是认知上的提升。研报给了一个框架，也就是说，基于人效目标，人力资源的选用育留职能应该如何运作，人力资源的部门应该如何重新定位。有了这些数据，我们拉动了老板，也对人力资源团队进行了改造。比如，我们今年制定了人力资源战略，设计了各个模块的轮岗机制，成立了数据 HR 模块。以前，这些都被认为是虚招，老板不重视，现在我从生意切入，先和老板认知同频，沟通起来就顺利多了。"

"老板现在更认可你了？"我笑道。

"嗯嗯，至少我汇报时老板不会半分钟就拿起手机自己玩了，哈哈！"他也笑了。

"哦，对了。今年公司调薪范围大幅缩小，但老板还是把我放进去了。我们今年的调薪标准是——奖励真正为公司创造经营价值的人。我是为数不多的几个后台人员之一。"听着电话那头的声音，我能想象到他脸上的骄傲。

引用一句网络流行语吧——这种 HR，活该他在经济下行压力下，也能挣钱！

附录 D　如何挖掘行业人效数据的价值

2023 年，各行各业都面对着经济下行压力。各企业"缩衣减食""提质增效""去肥增瘦"的口号已经喊腻，面对经营危机，它们把裁员、裁业务作为降低成本的首要措施。更有甚者，打着"降本增效"的旗号，一刀切式地裁员，其根本原因就是没有人效数据做支撑。

为了回应大量企业对本行业人效数据的需求，穆胜咨询选取了当前热度最高的十大行业，结合原创方法论，陆续发布了《中国企业人效研报（行业定制版）》。报告以各行业的头部上市公司为研究样本，运用穆胜咨询原创的指标和算法，对这些样本的人效数据和财效数据进行分析，揭示了若干人力资源新趋势。对于行业内那些"抬头看路"的企业和 HR，这些数据的价值不言而喻。

下面对部分重要信息进行呈现，披露这些研报价值的冰山一角。

环保行业：规模越大的企业，人效一定越高吗

环保行业作为国家重点发展的战略性新兴产业，在国民经济中发挥着越来越重要的作用，且发展势头持续向好。据生态环境部数据，2022 年我国环保行业营业收入约为 2.22 万亿元，同比增长约 1.8%。对比往年数据，环保行业的营业收入连续三年实现增长。一般认为，

环保行业属于资金密集型行业，投资回报期相对较长，收费标准往往较低，规模效应较为明显。但是，对于头部的样本企业来说，规模越大的企业人效真的越高吗？

在调研的企业中，我们将人均营收分为了4个区间（见图D-1）。营收规模大于100亿元的企业人均营收集中在（0，100万元/人）的低人效区间内；营收规模在[50亿元，100亿元）的企业人均营收处于中等水平；而营收规模小于50亿元的企业人均营收处于中下水平。整体来看，在环保行业中，企业营收规模与人均营收这项指标的表现并无必然关系。

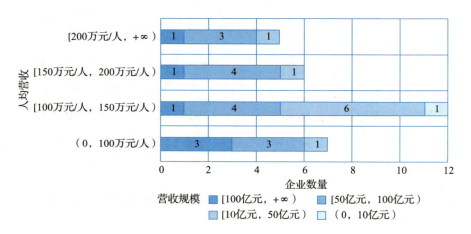

图 D-1　环保行业营收规模–人均营收图

资料来源：穆胜咨询，《2023中国企业人效研报（环保行业）》。

换句话说，营收规模大的企业不一定具有高人效，规模的扩大反而会拖累企业，拉低企业的人效。 环保行业的企业普遍规模不大，大多数环保企业保持着小而精的状态，规模不大，人数不多，但企业也因此避免了各种各样的低效浪费和人工冗余，这也是环保企业人效并不差的主要原因之一。企业的员工数量应该与自身经营状况相匹配，如果企业保持相匹配的营收规模和人数，那么该企业的人效将会达到最高值。

互联网行业："烧钱"的大厂们盈利能力真的差不多吗

在公众的印象中，普遍认为互联网行业是一个"烧钱"的行业，它们拿着大额投资强势扩张，这很可能导致它们的人效（用人均净利来衡量）水平不会太高。

但真的是这样吗？互联网大厂们的盈利能力究竟如何？

研报中，我们将样本人效的最小值和最大值作为区间的下限和上限，将其平均分为 5 个区间，在此基础上划定了"人效三线"：

- 优秀线——将最高区间的下限作为人效优秀线，即达到这个水平的人效就可以算是优秀。
- 合格线——将所有样本的平均值作为人效合格线，即行业的一般水平表现，达到这个水平代表企业的人效水平"拿得出手"。
- 竞争标准线——将样本相对集中区域的中位数作为人效竞争标准线，即达到该水平，才算在行业里拥有了基本的竞争力，能够确保基本的生存。

在此基础上，为了分析样本中头部样本的表现，我们又定义了行业头部引领指数（行业头部引领指数＝优秀线/竞争标准线），这是一个"结构性"的指标，该指标数值大，代表行业的头部冲在了前面

（见图 D-2）。

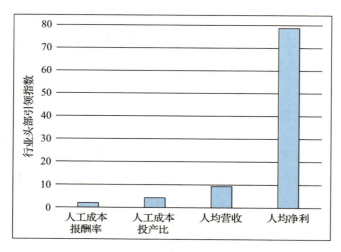

图 D-2　互联网行业头部引领指数

资料来源：穆胜咨询，《2023 中国企业人效研报（互联网行业）》。

从互联网行业的头部引领指数可以看出，该行业人均净利的行业头部引领指数最高，断层式高于其他 3 个指标；其余依次为人均营收、人工成本投产比和人工成本报酬率。

这说明，行业头部企业在人均净利上遥遥领先，这是它们静态优势最大的人效指标。近年来，互联网企业的组织问题越发明显，它们开始采取裁员、缩编、砍机构等措施，严格控制资源的投入，且高度重视盈利。从结果来看，头部企业动得更早，动作更大，已经形成明显的量级优势。

零售行业：更应该关注人均利润还是人均营收

2023 年，零售行业迎来复苏，零售行业商业模式稳定，人效稳步提升似乎是必然。那么，在这个复苏期内，零售行业应该重点关注的人效指标是什么？做好了哪个人效指标就能与众不同、遥遥领先呢？

在前文"人效三线"的基础上，为了研究行业整体人效水平的高低，我们定义了行业竞争水平指数（行业竞争水平指数＝竞争标准线/合格线）。这个指数数值越大，行业整体水平越高。

如图 D-3 所示，在零售行业中，人工成本投产比的行业竞争水平指数最高，人均营收与人工成本报酬率的行业竞争水平指数相当，人均净利的行业竞争水平指数最小。

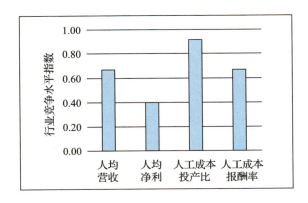

图 D-3　零售行业竞争水平指数

资料来源：穆胜咨询，《2023 中国企业人效研报（零售行业）》。

数据说明，零售行业最擅长将人工成本的投入转化为营收，但不擅长将员工人数的投入转化为净利。这也说明，零售企业在人数投入的控制方面，整体都有较大空间。

零售行业作为传统行业，追求盈利是最重要的，而样本企业的人均净利指标却表现最差。这说明,现阶段,零售企业的盈利能力普遍一般,且员工队伍相对臃肿,这种状态显然不对。直白地说,零售企业为了支撑营收规模,养了庞大的员工队伍,但大多数人不会为盈利负责。

所以,如果有零售企业在人均净利这个指标上做出成绩,很快就会"冲出来"。所以,对于零售行业来说,人均净利这个指标是拉开竞争差距的关键。

房地产行业:头部房企在开源还是节流

中国的房地产市场经历了高速发展,但随着房地产行业存量规模的不断积累,市场红利逐渐消失。当前房地产行业进入了整体调整阶段。与此同时,相当一部分房企盈利能力下降、资产缩水、债务比例升高,纷纷将"活下去"作为当前第一要务。大规模房企也进入缩表出清、优胜劣汰阶段,挑战不断增加。那么现阶段,头部房地产企业的"攻守"策略是开源还是节流呢?

研报中,我们对行业整体和各类指标的近 5 年数据进行了动态分析,找出复合增长率高于该行业整体复合增长率的企业样本,并根据变化程度不同将其划分为三类:增长很明显、增长较明显和增长不明显(注:销管费用率为负向指标,故这三类名称有所不同)。

动态分析中的行业头部增长指数 =(增长很明显企业占比 + 增长较明显企业占比)/ 增长不明显企业占比。这个指数的数值大,说明头部企业在强势引领。

如图 D-4 所示,在房地产行业中,销管费用率复合增长率的行业头部增长指数较大，说明头部房企在强势引领销管费用率这个指数。过去，房地产企业借助自身资金、资源和政策等优势实现了快速发展。但是当行业遭遇严冬时，头部房企的收缩显然更快，它们更加重视成本的控制，尤其在销管费用上强势控制，积极实现"节流"。

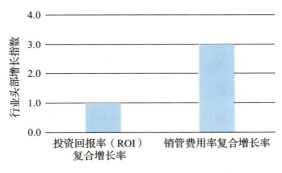

图 D-4　房地产行业头部增长指数

资料来源：穆胜咨询，《2023 中国企业人效研报（房地产行业）》。

而房地产行业投资回报率（ROI）复合增长率的行业头部增长指数较小，说明在该指数上没有涌现出大量头部力量。在经济下行压力加大的情况下，头部房企虽然在成本费用上强势控制，但庞大的体量以及收入端的萎靡使得其在 ROI 上表现相对平庸。在这种情况下，头部房企面临的压力更大。

截至 2024 年 1 月 31 日，A 股 87 家房企中已有 54 家发布了 2023 年业绩预告，其中仅 6 家预计全年净利润实现正增长；8 家房企虽然盈利，但预估净利润均出现了 50% 以上的跌幅；49 家房企预估业绩出现同比下降，其中 34 家净利润预亏，总预亏额为 486 亿元至 730 亿元；只有8家房企实现预估净利润扭亏为盈。

数据[一]显示，保利发展2023年全年营收为3471.5亿元，同比增长23.49%，归母净利润为120.37亿元，同比下降34.42%；绿地控股2023年预计实现归母净利润-90亿元至-70亿元，同比下降793.07%至991.09%；世茂股份2023年预计归属上市公司股东的净利润将出现亏损，为-50.10亿元至-33.40亿元；万科2023年前三季度实现营收2903.08亿元，同比下降14.03%，归属上市公司股东净利润为136.21亿元，同比下降20.31%。这些都充分说明房地产行业的盈利能力在大幅下降。房地产行业中，如果连头部房企的日子都不好过了，其他企业的日子更不会好到哪里去，这也说明了整个行业都在快速出清。在房地产这个下行市场中，控制成本费用似乎会是企业"过冬"的关键。

[一] 企业2023年1月预估的数据。

穆胜作品

人力资源效能
ISBN：978-7-111-67724-6

人效管理
ISBN：978-7-111-71701-0

平台型组织：释放个体与组织的潜能
ISBN：978-7-111-66761-2

重构平台型组织
ISBN：978-7-111-70288-7

激发潜能：平台型组织的人力资源顶层设计
ISBN：978-7-111-62864-4

创造高估值：打造价值型互联网商业模式
ISBN：978-7-111-64263-3